特別支援教育総論

（新訂）特別支援教育総論（'25）

©2025　笹森洋樹・佐藤愼二

装丁デザイン：牧野剛士
本文デザイン：畑中　猛

o-40

まえがき

　本書は，発達障害・重複障害を中心に障害のある児童生徒の教育について，その適切な支援のありようを考える内容になっている。

　インクルーシブ教育システム構築のための特別支援教育の進展に伴い，特別支援学校や特別支援学級のみならず，通常の学級においても，発達障害等のある児童生徒への支援の充実が強く求められている。本書では，各障害の概要についても取り上げているが，主として発達障害を中心に，通常の学級，特別支援学級，通級による指導の実際，多様な学びの場の活用や関係機関との連携的支援について解説している。

　前半は，障害別にその特性の理解と支援について取り上げている。

　はじめに全体の概説として，インクルーシブ教育システムと特別支援教育，発達障害・重複障害等の教育の現状を踏まえ，自立活動を含む特別の教育課程，個別の指導計画，カリキュラム・マネジメント等について概説する。次に，視覚障害，聴覚障害，知的障害，肢体不自由，病弱，重複障害のある児童生徒の理解と支援について，各障害の状態や特性について触れ，関係法令及び特別支援学校学習指導要領に基づく教育課程の編成や教育的支援について概説する。特に重複障害については，医療的ケアの現状にも触れながら，子供のニーズに応じた教育的支援の在り方について理解を深める。また，個別の教育支援計画・個別の指導計画に基づく指導・支援，自立と社会参加について概説する。

　発達障害については，まず心理面や病理面等の特徴と二次的な障害について触れ，障害の状態，感覚や認知及び行動の特性を観察や検査等を通して実態把握する重要性について概説する。その後，学習障害，注意欠陥多動性障害，自閉症について，障害の特性を踏まえ，学習上の困難

さに対する個に応じた手立てを検討し指導することの重要性，自立活動における個別の指導計画など教育的支援の基本について概説する。

また，発達障害と重複障害のある児童生徒へのICTを中心とした教材・教具の活用及び学習環境の整備のありようについても概説する。

後半は，支援体制構築や多様な学びの場について取り上げている。

校内外支援体制の構築では，特別支援教育コーディネーターを要とした支援体制構築の重要性に触れ，家庭や医療，福祉及び労働機関等の関係機関・外部専門家とも連携した支援について概説する。

通常の学級における学級経営と授業づくりでは，発達障害等による困難さを踏まえた学校・学級生活におけるきめ細かな指導や支援について触れ，どの子供もつつみこむユニバーサルな学級経営や授業づくりについてその要点を概説する。特別支援学級における支援の実際では，自閉症・情緒障害特別支援学級等における自立活動を含む特別の教育課程の編成と学級経営，個別の指導計画に基づく自立活動等の授業設計とその改善，交流及び共同学習等について概説する。通級による指導の実際では，通級による指導の対象，自立活動を中心とした特別の教育課程の編成と教室経営，個別の指導計画に基づく自立活動等の授業設計とその評価・改善，通常の学級との連携等について概説する。

特別支援学校のセンター的機能では，法的位置付け，歴史的背景と経緯を踏まえ，小・中学校等からの要請に応じるための助言や援助の役割の実際と重要性を概説する。

本書は放送大学の特別支援学校教諭免許取得に関わる科目に対応しているが，特別支援教育や障害のある児童生徒の支援を初めて学ぶ受講者にも分かりやすく解説している。

なお，発達障害以外の障害種については，特別支援教育概論において詳しく取り上げられているので，併せて受講していただくとより特別支

援教育の理解が深まると思う。

2024 年 10 月　笹森洋樹
佐藤愼二

目 次

まえがき　3

1 ｜ 特別支援教育と発達障害・重複障害教育の現状
｜笹森洋樹　11

1．インクルーシブ教育システムと特別支援教育　11
2．発達障害・重複障害教育の現状　13
3．特別の教育課程と個別の指導計画　17
4．カリキュラム・マネジメント　22

2 ｜ 視覚障害・聴覚障害の理解と支援
｜澤田真弓　24

1．視覚障害教育・聴覚障害教育の変遷　24
2．視覚障害の理解と支援　26
3．聴覚障害の理解と支援　33

3 ｜ 知的障害・肢体不自由・病弱の理解と支援
｜滝川国芳，金森克浩　41

1．知的障害　41
2．肢体不自由　46
3．病弱　50

4 | 重複障害の理解と支援　｜ 齊藤由美子　57

1. 重複障害の定義と現況　57
2. 重複障害がある子供への教育的支援　62
3. 個別の教育支援計画と個別の指導計画　66
4. 重複障害がある子供の自立と社会参加を支えるために　68

5 | 発達障害のある幼児児童生徒の心理・生理・病理　｜ 笹森洋樹　72

1. 発達障害の心理面や病理面の特徴　72
2. 発達障害の特性に応じた指導・支援の考え方　76
3. 二次的な障害への対応　80
4. 実態把握の重要性　82

6 | 学習障害の理解と支援　｜ 笹森洋樹　85

1. 学習障害とは　85
2.「学習障害」の障害の状態等の実態把握　88
3. 学習障害のある子供の特性の理解　89
4. 学習障害のある子供の困難さに応じた指導・支援　91
5. 学習障害のある児童生徒の学びの場　92

7 | 注意欠陥多動性障害の理解と支援　｜ 笹森洋樹　98

1. 注意欠陥多動性障害とは　98
2.「注意欠陥多動性障害」の障害の状態等の実態把握　102
3. 注意欠陥多動性障害の特性の理解　104
4. 注意欠陥多動性障害のある子供の困難さに応じた指導・支援　105
5. 注意欠陥多動性障害のある児童生徒の学びの場　107

8 | 自閉症の理解と支援

笹森洋樹　111

1．自閉症とは　111
2．「自閉症」の障害の状態等の実態把握　114
3．自閉症の特性の理解　115
4．自閉症のある子供の困難さに応じた指導・支援　117
5．自閉症のある子供に対する支援としての構造化　120
6．自閉症のある児童生徒の学びの場　121

9 | 発達障害・重複障害と ICT 支援

金森克浩　126

1．特別支援教育における教材や支援機器の重要性　126
2．特別支援教育での ICT 活用　128
3．発達障害のある児童生徒への ICT 活用　130
4．多様な障害のある子供への ICT 活用　134
5．今後に向けて　137

10 | 校内外支援体制の構築と連携的支援

佐藤愼二　139

1．チームで取り組む特別支援教育　139
2．校内委員会・特別支援教育コーディネーターと校内外支援
　　体制の構築　140
3．校内外支援体制の構築と連携的支援の現状　142
4．校内外支援体制の構築と連携的支援の実際　144
5．今後に向けて　147

11 | 通常の学級における学級経営と発達障害支援　| 佐藤愼二　152

1. 通常の学級における学級経営の重要性　152
2. 校内外支援体制と学級経営　153
3. 配慮を要する子供をつつみこむ学級経営のポイント　156
4. 配慮を要する子供をつつみこむ学級経営のこれから　159

12 | 通常の学級における授業づくりと発達障害支援　| 佐藤愼二　165

1. 通常の学級における多様な現実と授業　165
2. 学習指導要領等における授業改善の視点　166
3. 授業におけるユニバーサルデザインの実践的展開　170
4. 通常の学級における授業づくりのこれから　177

13 | 特別支援学級における支援の実際　| 佐藤愼二　180

1. 自閉的・情緒障害特別支援学級とは　180
2. 自閉的・情緒障害特別支援学級の教育課程　184
3. 自閉的・情緒障害特別支援学級の学級経営・授業づくりの実際　188

14 | 通級による指導の実際　| 笹森洋樹　194

1. 通級による指導とは　194
2. 通級による指導の概要　196
3. 通級による指導を通常の学級に生かすために　202
4. 自校通級，他校通級，巡回指導　204
5. 通級による指導の担当者の役割と専門性　204
6. 連続性のある多様な「学びの場」としての体制整備　207

15 | 特別支援学校のセンター的機能

| 滝川国芳　209

1. 「特別支援学校のセンター的機能」に関する法的位置付け
　209
2. 「特別支援学校のセンター的機能」の位置付けまでの背景と
　経緯　210
3. 「特別支援学校のセンター的機能」について　214
4. 特別支援学校間の連携と域内の教育資源の組合せ（スクー
　ルクラスター）による「特別支援学校のセンター的機能」
　の一層の強化　218
5. 「特別支援学校のセンター的機能」の取組の実際と課題
　221

索　引　225

1 | 特別支援教育と発達障害・
重複障害教育の現状

笹森洋樹

《**目標＆ポイント**》 インクルーシブ教育システムと特別支援教育，発達障害・重複障害等の教育の現状を踏まえ，自立活動を含む特別の教育課程，個別の指導計画，カリキュラム・マネジメント等について概説する。
《**キーワード**》 インクルーシブ教育システム，特別支援教育，発達障害・重複障害，特別の教育課程，カリキュラム・マネジメント

1. インクルーシブ教育システムと特別支援教育

（1）インクルーシブ教育システムとは

　中央教育審議会報告「共生社会の形成に向けたインクルーシブ教育システム構築のための特別支援教育の推進」（平成24年7月）には，「『共生社会』とは，これまで必ずしも十分に社会参加できるような環境になかった障害者等が，積極的に参加・貢献していくことができる社会であり，それは，誰もが相互に人格と個性を尊重し支え合い，人々の多様な在り方を相互に認め合える全員参加型の社会である」と示されている。また，障害者の権利に関する条約第24条に，インクルーシブ教育システムは，人間の多様性の尊重等の強化，障害者が精神的及び身体的な能力等を可能な最大限度まで発達させ，自由な社会に効果的に参加することを可能とするとの目的の下，障害のある者と障害のない者が共に学ぶ仕組みであり，障害のある者が一般的な教育制度（general education system）から排除されないこと，自己の生活する地域において初等中等教育の機会が与えられること，個人に必要な合理的配慮が提供されること等が示されている。

インクルーシブ教育システムは，障害のある子供と障害のない子供が単に同じ教室で一緒に学習することのみを意味しているのではない。障害のある子供も精神的，身体的な能力等を最大限まで発達させて，自由な社会に効果的に参加できるようになることを目的として展開されていく必要がある。そのためには，人間の多様性をこれまで以上に尊重し，お互いを認め合い，学び合う環境を保障することが基盤になる。

共生社会とは，これまで必ずしも十分に社会参加できるような環境になかった人たちが，積極的に参加・貢献していくことができる社会である。誰もが相互に人格と個性を尊重し支え合い，人々の多様な在り方を認め合える全員参加型の社会である。学校教育は，全ての子供が自立と社会参加に向けて，持っている力を最大限に発揮し，新たな力を身に付けていくことを支援するとともに，障害のある子供と障害のない子供がともに学び，ともに育つ中で互いを認め合い，高め合うことにより，主体性をもって生きていく共生社会の形成に向けて重要な役割を担っている。

（2）特別支援教育の充実が基盤

共生社会の形成に向けたインクルーシブ教育システム構築のためには，特別支援教育についての基本的な考え方が基盤であり，その意義及び目的が，学校や教育の関係者だけでなく，広く地域でともに生活する人たちにも必要な情報として十分に周知され，共有され，理解されていくことが大切である。

「特別支援教育の推進について（通知）」（平成19年4月）には，特別

支援教育の理念として、障害のある子供の自立や社会参加に向けた主体的な取組を支援する視点から、子供一人一人の教育的ニーズを把握し、その持てる力を高め、生活や学習上の困難を改善又は克服するため、適切な指導及び必要な支援を行うものであり、さらに、特別支援教育は、障害のある子供への教育にとどまらず、障害の有無やその他の個々の違いを認識しつつ、様々な人々が生き生きと活躍できる共生社会の形成の基礎となるものであることが述べられている。

　特別支援教育は子供一人一人を大切にした教育である。一人一人を大切にする教育の充実とは、個別的な指導の充実だけでなく、集団を構成する一人一人のことを大切にする教育を充実させるということである。誰もが分かる授業づくりの工夫や一人一人の子供に寄り添う学級経営や生徒指導の充実が求められてくる。

2. 発達障害・重複障害教育の現状

（1）発達障害教育の現状

　発達障害とは、「発達障害者支援法」（平成28年改正）第2条において、「自閉症、アスペルガー症候群その他の広汎性発達障害、学習障害、注意欠陥多動性障害その他これに類する脳機能の障害であってその症状が通常低年齢において発現するものとして政令で定めるものをいう」と定義されている。また、発達障害者とは、「発達障害がある者であって発達障害及び社会的障壁により日常生活又は社会生活に制限を受けるもの」であり、社会的障壁とは、「発達障害がある者にとって日常生活又は社会生活を営む上で障壁となるような社会における事物、制度、慣行、観念その他一切のものをいう」とされている。この定義には、障害は個人の心身機能が要因であるという「医学モデル」と、障害は社会や環境の在り方や仕組みがつくりだしているという「社会モデル」の二つ

の考え方が反映されている。発達障害については，世界保健機関（WHO）が作成した分類（ICD-11）及びアメリカ精神医学会が作成した精神疾患の診断・統計マニュアル第5版（DSM-5-TR）において，神経発達症群としてまとめられている。そこでは，知的障害や言語障害なども含まれているが，文部科学省では，自閉症，注意欠陥多動性障害，学習障害等を発達障害として扱い，障害の種別として知的障害や言語障害とは分けている。

　発達障害の基本的な特性は生涯にわたるが，成長に伴い変容する場合もあり，他の発達障害の症状と併存する場合もある。幼少期に目立たなかった症状が児童期以降にみられ，診断が変わったり新たに加えられたりすることもある。症状が目立たなくなる場合もある。学習や課題への取組がとても困難なものもあれば，他の子供と同様に取り組めているものもある。そのため，うまく取り組めないことや苦手なことは誰にでもあること，意欲の問題，努力不足，甘えやわがままなどと捉えられ，能力的な遅れや偏りとして判断することが難しい面がある。できるはずという無理強いにより，つまずきや失敗がくり返され，苦手意識や挫折感が高まると，心のバランスを失い，精神的に不安定になり，暴力行為や不登校，不安障害など様々な二次的な障害につながることもある。

　発達障害のある子供の教育においては，障害の特性に対する指導や支援と，こうした二次的な障害を予防するための指導や支援も重要になる。また，診断がつくほどではないが，対人関係や社会性，行動面や学習面において適応上の困難さを有しているグレーゾーンにある子供もいる。どのような場面でどのような行動がみられるのか，診断名や障害名だけでなく，個々の子供の特性として理解することが重要になる。

（2）「通常の学級に在籍する特別な教育的支援を必要とする児童生徒に関する調査結果について」

① 調査の概要

　文部科学省は，令和4年12月に「通常の学級に在籍する特別な教育的支援を必要とする児童生徒に関する調査結果について」を公表した。同様の調査は，平成14年と24年に過去2回実施されており，今回は初めて高等学校についても調査が行われた。診断の有無を問わず通常の学級に在籍している児童生徒のうち，知的発達に遅れはないものの学習面や行動面に著しい困難を示す児童生徒に関して学級担任等に回答を求めたものである。調査内容は，発達障害の特性に関する評価項目から作成されており，発達障害の可能性のある児童生徒が想定されるが，発達障害のある児童生徒の割合を推定する調査ではないことには留意が必要である。

② 調査結果について

　本調査では，「学習面又は行動面で著しい困難を示す」とされた児童生徒の割合が，小学校・中学校において推定値8.8％と示された。今回初めて実施した高等学校においては推定値2.2％となっている。小学校・中学校においては，前回の6.5％から8.8％と2％以上増えたことになる。全体の分布状況ではカットオフ値（該当するかどうかの基準値）近くにも多くの児童生徒が位置しており，通常の学級には特別な教育的支援を必要とする児童生徒が少なくとも8.8％は在籍しているということをおさえておく必要がある。前回（平成24年）に比べて困難を示す児童生徒の割合が増加している理由については，文部科学省も特定することは難しいとしつつも，通常の学級の学級担任を含む教師や保護者の特別支援教育に関する理解が進み，今まで見過ごされてきた困難のある児童生徒により目を向けるようになったことも理由の一つとして挙げて

いる。一方で，平成19年に特別支援教育がスタートして以来，通常の学級においても様々な指導や支援の工夫がなされてきているが，児童生徒が抱えている困難に応じた適切な指導と必要な支援が行われているか，その教育効果についても検討すべき課題であることもおさえておく必要がある。

（3）重複障害教育の現状

重複障害者とは，「複数の種類の障害を併せ有する児童又は生徒」（特別支援学校小学部・中学部学習指導要領，特別支援学校高等部学習指導要領）であり，原則的には学校教育法施行令第22条の3において規定している程度の障害を複数併せ有する者を指している（特別支援学校教育要領・学習指導要領解説　総則編）。しかし，教育課程を編成する上で，障害の状態により「重複障害者等に関する教育課程の取扱い」の規定を適用する際には，言語障害，自閉症，情緒障害等を併せ有する場合も含めて考えてもよいことになっている。

重複障害があることで生じる困難には，「併せ有する一つ一つの障害から生じる困難」「一つ一つの障害が重複した場合に追加・増幅して生じる困難」がある。さらに，特に起こりやすい状況として，「障害が重度の子供」という捉えから潜在的能力を低くみられてしまうことから，「重複障害の困難を理解していないために，周囲の人が不適切な関わりをすることで生じる困難」がある。

昭和54年の養護学校の義務制以前は，病弱，発育不完全その他やむを得ない事由のため就学困難と認められる者の保護者に対して，市町村の教育委員会は就学義務の猶予または免除を行っていた。養護学校の義務制の実施により重複障害のある幼児児童生徒も養護学校に就学ができるようになった。また，平成19年から始まった特別支援教育以降は，

障害種を超えた複数の障害に対応した特別支援学校が設置されてきていることから，重複障害のように複数の障害を有する幼児児童生徒も，より居住地に近い特別支援学校で学ぶことができるようになっている。近年は，医療の進歩により，医療的ケアの必要な幼児児童生徒も増加しており，特別支援学校在籍者の重度・重複化も課題となっている。

重複障害のある児童生徒が在籍する教育の場は，「特別支援学校の重複障害学級」「特別支援学校から家庭や病院，施設等へ教員が派遣される訪問教育」「小学校や中学校の特別支援学級や通常の学級」がある。教育の場は広がってきてはいるが，一人一人の教育的ニーズに応じた適切な指導や必要な支援を踏まえてインクルーシブ教育システムを具現化していくにはまだ課題も多い。

重複障害のある児童生徒の教育課程を編成するに当たっては，障害の状態により特に必要がある場合には，その状態に応じて「重複障害者等に関する教育課程の取扱い」を考慮した弾力的な教育課程を編成することができる。「重複障害者等に関する教育課程の取扱い」には，学校教育法施行規則に規定されているものと，学習指導要領に規定されているものがある（詳しくは，第4章を参照）。

3. 特別の教育課程と個別の指導計画

（1）特別の教育課程と自立活動の指導

特別支援学校には，原則的には学校教育法施行令第22条の3において規定している程度の障害を有する視覚障害，聴覚障害，知的障害，肢体不自由又は病弱の幼児児童生徒，これらの障害を複数併せ有する重複障害の幼児児童生徒が在学している。そして，それらの障害に言語障害，情緒障害，自閉症，学習障害，注意欠陥多動性障害等を併せ有する幼児児童生徒が在学している場合もある。特別支援学校の教育において

は，こうした障害のある幼児児童生徒を対象として，小・中学校等と同様に，学校の教育活動全体を通じて，幼児児童生徒の人間として調和のとれた育成をめざしている。特別支援学校の教育課程は，幼稚園に準ずる領域，小学校，中学校及び高等学校に準ずる各教科，特別の教科である道徳，特別活動，総合的な学習の時間のほか，障害による学習上又は生活上の困難の改善・克服を目的とした領域である「自立活動」で編成されている。また，知的障害者を教育する特別支援学校については，知的障害の特徴や学習上の特性などを踏まえた独自の教科及び目標や内容が特別支援学校小学部・中学部学習指導要領に示されている。

　小・中学校等の教育は，幼児児童生徒の生活年齢に即して系統的・段階的に進められている。そして，その教育の内容は，幼児児童生徒の発達の段階等に即して選定されたものが配列されており，それらを順に教育することにより人間として調和のとれた育成が期待されている。しかし，障害のある幼児児童生徒の場合は，その障害によって，日常生活や学習場面において様々なつまずきや困難が生じることがある。そのため，小・中学校等の幼児児童生徒と同じように心身の発達の段階等を考慮して教育するだけでは十分とはいえないことから，個々の障害による学習上又は生活上の困難を改善・克服するための指導が必要となる。

　特別支援学級の教育課程の編成については，小学校，中学校学習指導要領を原則とし，通常の学級と同じように，各校の学校教育目標を踏まえて編成する。特に必要がある場合は「特別の教育課程によることができる」（学校教育法施行規則第138条）とされている。特別の教育課程を編成する場合には，特別支援学校小学部・中学部学習指導要領第7章に示す自立活動を取り入れることが，小学校，中学校学習指導要領第1章第4の2に示されている。また，通常の学級に在籍している児童生徒に対して「障害に応じた特別の指導」（通級による指導）を行う場合に

は，「特別の教育課程によることができる」（学校教育法施行規則第140条）とし，特別支援学校小学部・中学部学習指導要領に示す自立活動の内容を参考とし，具体的な目標や内容を定め指導を行うものとされている。

（2）学習指導要領における個別の指導計画

　小学校学習指導要領では，障害のある児童などへの指導において，個別の教育支援計画及び個別の指導計画について以下のように示されている。中学校学習指導要領にも同様な記載がある。

　「障害のある児童などについては，家庭，地域及び医療や福祉，保健，労働等の業務を行う関係機関との連携を図り，長期的な視点で児童への教育的支援を行うために，個別の教育支援計画を作成し活用することに努めるとともに，各教科等の指導に当たって，個々の児童の実態を的確に把握し，個別の指導計画を作成し活用することに努めるものとする。特に，特別支援学級に在籍する児童や通級による指導を受ける児童については，個々の児童の実態を的確に把握し，個別の教育支援計画や個別の指導計画を作成し，効果的に活用するものとする」

　平成29年告示の学習指導要領では，特別支援学級に在籍する児童生徒や通級による指導を受ける児童生徒については，個々の児童生徒の実態を的確に把握し，個別の教育支援計画や個別の指導計画を作成し，効果的に活用するものとされた。また，通常の学級においても障害のある児童生徒などが在籍していることもあるため，通級による指導を受けていない障害のある児童生徒などの指導に当たっては，個別の教育支援計画及び個別の指導計画を作成し，活用に努めることとされている。

（３）個別の指導計画と個別の教育支援計画

　平成 15 年から実施された障害者基本計画において，教育，医療，福祉，労働等の関係機関が連携・協力を図り，障害のある児童生徒等の生涯にわたる継続的な支援体制を整え，それぞれの年代における児童生徒等の望ましい成長を促すため，個別の支援計画を作成することが示された。個別の支援計画のうち，児童生徒が教育機関在学時に校長が中心となり学校が作成するものが個別の教育支援計画である。個別の指導計画は，個々の児童生徒の実態に応じて適切な指導を行うために学校で作成されるものである。個別の指導計画は，教育課程を具体化し，障害のある児童生徒一人一人の指導目標，指導内容及び指導方法を明確にして，きめ細やかに指導するために作成する。個別の指導計画を作成することにより，以下のような成果が期待される。

① 　一人一人の教育的ニーズに応じたきめ細かな指導を行うことができる。
② 　指導目標や内容等について関係者が情報を共有できる。
③ 　子供自身もめざす姿が明確になる。
④ 　定期的な評価により適切な指導の改善につながる。
⑤ 　集団の中での個別的な配慮・支援について検討することが校内支援体制づくりにつながる。
⑥ 　引継ぎの資料となり切れ目のない支援ができる。

　通常の学級に在籍する発達障害のある児童生徒の個別の指導計画は，担任等を中心として特別支援教育コーディネーター等が協力して作成することになる。担任等や特別支援教育コーディネーターだけに任せるのではなく，学校運営上の特別支援教育の位置付けを明確にし，担任等が孤立することのないよう，校内委員会や事例検討会を通して，校内の支援体制なども含めて学校全体で組織的，計画的に検討することが望まれ

る。記載内容は，実態把握から，指導目標や内容，手立て，方法等の指導計画，そして指導の実践記録と評価まで含まれていると次年度に引き継ぎやすい。経験の浅い教員でも指導の焦点が絞りやすく，目標を適確に把握して指導できるような書式の工夫も大切である。記入者の負担が少なく，児童生徒の変容に合わせて随時見直し，修正していけるように活用のしやすさを最優先に考える。教育委員会や学校で共通の書式を定めておくと誰でも取り組みやすいものになるが，実態に応じて記載される内容は異なることにも留意が必要である。

　個別の指導計画は，作成することよりも活用することが目的である。個別の指導計画がうまく活用まで至らない背景には以下のようなことが考えられる。実態把握を十分にした上で作成されていない，児童生徒のニーズではなく保護者や担任等の思いや願いが優先されている，評価に関する具体的な目標や指標等が関係者で共通理解されていない等である。実態把握やそれまでの指導の結果を分析していないため，指導の結果が期待にそぐわないときや成果を急ぎすぎてしまうときに，その場の思いつきによる見直しや修正が頻回に行われてしまう。一方で，実態把握等の分析にウエイトをかけすぎ，個別の指導計画の完成までにとても時間をかけている場合もある。個別の指導計画はあくまで仮説に基づいて作成されたものであり，日々の実践を通して，随時見直し，修正を行っていくことが重要になる。

　個別の指導計画に基づいた指導の実践は，実態把握から始まり，指導目標の設定，指導計画・指導内容の選定，指導の実践と指導の評価，そして指導計画等の見直し・修正までの Plan［計画］→ Do［実行］→ Check［評価］→ Action［改善］（PDCA サイクル）を繰り返すことで，適切な指導の充実を図っていくことが望まれる。

4. カリキュラム・マネジメント

　カリキュラム・マネジメントとは，各学校が教育目標を実現するために，教育課程を計画的かつ組織的に編成・実施・評価し，教育の質を向上させることである。学習指導要領では，これまでの「何を学ぶか」を中心とする考え方から，「何ができるようになるか」を中心とする考え方になる方向性が示された。新しい時代に必要となる資質・能力の育成として，「学びを人生や社会に生かそうとする学びに向かう力・人間性の涵養」「生きて働く知識・技能の習得」「未知の状況にも対応できる思考力・判断力・表現力等の育成」をめざす。そのための手段として，主体的・対話的で深い学び（アクティブ・ラーニング）の視点から学習過程の改善を行う。「社会に開かれた教育課程」がキーワードになっている。

　平成 28 年 8 月にまとめられた中央教育審議会特別支援教育部会「特別支援教育部会における審議の取りまとめ」では，カリキュラム・マネジメントの考え方について以下のように述べられている。

○カリキュラム・マネジメントについては，それぞれの学校において，子供たちが卒業後に社会で生活する姿を描き，各部段階を通してどのような子供たちを育てようとするのか，そのためにはどのような教育を行うことが適当か等の基本的な考え方を明確にした上で実施することが必要である。

○また，全ての教職員が教育課程編成を核としたカリキュラム・マネジメントの基本的な考え方を理解するために，教育課程の総体的な構造を示して解説することや，「社会に開かれた教育課程」の観点から，学校のみでなく，保護者や地域社会，関係機関を巻き込んだカリキュラム・マネジメントの手順を示していくことが求められる。

○具体的には，学校教育目標，教育課程及び指導計画，個別の教育支援計画と個別の指導計画の位置付けや接続の在り方，授業の PDCA サイクルのプロセス，これらを実行するための学校マネジメントの在り方など，教育課程編成に必要な考え方を解説することが必要である。

学習課題

1. インクルーシブ教育システム構築のためには，なぜ特別支援教育が基盤となるのか考えよう。
2. 特別支援学校，特別支援学級，通級による指導における特別の教育課程の編成と自立活動の指導について整理しておこう。

引用・参考文献

中央教育審議会「共生社会の形成に向けたインクルーシブ教育システム構築のための特別支援教育の推進」2012 年

外務省「障害者の権利に関する条約（第 24 条）」(https://www.mofa.go.jp/mofaj/files/000018093.pdf)（2023 年 12 月 26 日閲覧）

文部科学省「特別支援教育の推進について（通知）」2007 年

文部科学省『小学校学習指導要領（平成 29 年告示）』東洋館出版社，2018 年

文部科学省『小学校学習指導要領（平成 29 年告示）解説　総則編』東洋館出版社，2018 年

文部科学省『特別支援学校教育要領・学習指導要領解説　総則編（幼稚部・小学部・中学部）』東洋館出版社，2018 年

文部科学省「通常の学級に在籍する特別な教育的支援を必要とする児童生徒に関する調査結果（令和 4 年）について」2022 年

国立特別支援教育総合研究所『特別支援教育の基礎・基本 2020』ジアース教育新社，2020 年

中央教育審議会特別支援教育部会「特別支援教育部会における審議の取りまとめ」2016 年

2 | 視覚障害・聴覚障害の理解と支援

澤田真弓

《**目標＆ポイント**》 わが国の視覚障害教育・聴覚障害教育について，学校教育制度として確立された明治期から現在に至るまでの歩みを概観し，視覚障害・聴覚障害のそれぞれの障害の状態や特性について心理面等も踏まえて触れ，特別支援学校学習指導要領等に基づく教育課程の編成や指導・支援について概説する。

《**キーワード**》 盲・聾教育の始まり，視覚障害教育，聴覚障害教育，教育課程，指導・支援

1. 視覚障害教育・聴覚障害教育の変遷

　わが国における組織的な視覚障害教育・聴覚障害教育の始まりは，明治期に入ってからである。明治4（1871）年9月に山尾庸三の「盲唖学校ヲ設立セラレンコトヲ乞ウノ書」が太政官に提出されるなど盲唖学校設立の運動が進められてきた。明治11（1878）年には，わが国初となる「京都盲唖院」（現在の京都府立盲学校と京都府立聾学校）が古河太四郎らにより創設された。次いで英国人宣教師フォールズらの文明開化を推進した当時有数の知識人によって結成された楽善会が明治13（1880）年，東京に「楽善会訓盲院」（現在の筑波大学附属視覚特別支援学校と筑波大学附属聴覚特別支援学校）を設立した。それ以降，明治から大正期にかけて，多くの盲学校，聾学校の前身が全国各地に設立されている。

　大正12（1923）年には，道府県による盲学校及び聾唖学校の設置義

務を明文化した「盲学校及聾唖学校令」が公布され，盲学校と聾唖学校は制度上分離された。同令には，盲学校，聾学校における教育目標として，普通教育とともに生活に必要な知識・技能を授ける職業教育を行うことが記載されている。

戦後，昭和22（1947）年に，日本国憲法及び教育基本法で示された教育の基本理念や原則を踏まえ「学校教育法」が公布され，わが国の六・三制義務教育制度が位置付けられた。昭和23（1948）年には「中学校の就学義務並びに盲学校及び聾学校の就学義務及び設置義務に関する政令」が施行され，これにより，養護学校に先駆けて，盲学校と聾学校の小学部における義務制が学年進行により始まった。盲学校と聾学校の中学部の義務制は，昭和29（1954）年に学年進行により始まり，昭和31（1956）年には，中学部までの義務制が完成した。

義務制完成後，盲学校の在籍児童生徒数は，昭和34（1959）年度に10,264人に達し，その後は減少し続けている。また聾学校の在籍児童生徒数も昭和34（1959）年度の20,744人をピークに，その数は減少を続けている。

また，昭和30年代後半，各地の小学校や中学校内に弱視学級や難聴学級が開設され，次第にその数を増やしていった。

平成に入り，平成5（1993）年4月には，通常の学級に籍を置き，一部特別の指導を行う「通級による指導」が制度化された（高等学校は平成30（2018）年）。この頃から，これまで盲学校や聾学校が行ってきた地域支援，盲学校や聾学校の地域のセンター化の方向が加速されてきた。

平成は，障害のある子供たちの教育において，大きな変革がなされた時期である。わが国は共生社会の形成に向けて動き出し，「特殊教育」から「特別支援教育」への移行や「インクルーシブ教育システム」の推

進に向け，様々な制度改革が行われた。

2. 視覚障害の理解と支援

（1）視覚障害とは

　視覚は「遠隔感覚」といわれ，触覚や味覚といった「接触感覚」と比較して，離れた場所の広範囲の情報を一度に入手できる感覚である。私たちの日常の行動は，周囲の状況から適切な情報を得て，その情報に基づいて行動し，その結果をフィードバックして，さらに行動を調整している。これら全ての過程において視覚がかかわっている。視覚は，情報入手のための重要な感覚であり，私たちの行動に大きく関与しているといえる。私たちは，一般に「見えない」「見えにくい」というと，視力の程度のことを問題にしがちだが，実際の見え方を規定している視機能には，視力に加え，視野，色覚，光覚，暗順応・明順応，屈折，調節，眼球運動，両眼視などといった諸機能があり，たとえ視力が同じであったとしても，実際の見え方はそれぞれで異なっているといえる。

　ここで，視覚器の構造と視覚伝導路についておさえておこう。視覚は，主に眼球，視神経などの視路，視覚中枢の働きによって外界からの光を刺激として生じる感覚である。**図 2-1** に眼球の水平断面図，**図 2-2** に視覚伝導路を示す。眼球は，三層の膜（外側から強膜，ぶどう膜，網膜）で覆われ，その重さは，成人の平均として7g，前後径は24mmである。眼球の中には水晶体というレンズの役割を果たすものがあり，Zinn 小帯（毛様体小帯），毛様体で支えられ，毛様体筋の働きによって，水晶体の厚さを変え，屈折力を変化させる。

　では，眼から入ってくる視覚情報はどのように脳に伝わるのであろうか。外界の光は，瞳孔（眼を正面から見て真ん中の黒目の部分）を通って虹彩（瞳孔の周りにある部分）によって光量が調節されるとともに角

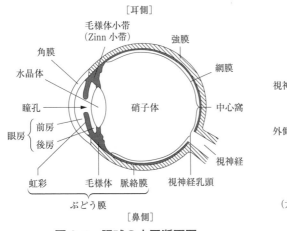
図 2-1　眼球の水平断面図
（丸尾敏夫，2014）

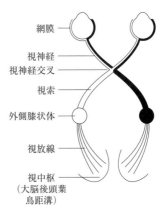
図 2-2　視覚伝導路
（丸尾敏夫，2014）

膜・房水・水晶体・硝子体などの透光体で屈折し，網膜上の中心窩（か）という少しくぼんだところで像が結ばれる。網膜では，視細胞（錐体（すいたい）・桿（かん）体（たい））が光を吸収し興奮が生ずる。その網膜の反応が視神経乳頭という視神経の入り口に伝えられ，視神経，視神経交叉，外側膝状体（がいそくしつじょうたい），視放線を通って後頭葉の大脳皮質にある視中枢に伝達される。

　視覚障害とは，眼から脳までの器官で，何らかの障害が生じて見えにくくなったり，見えなくなったりした状態を意味する。そしてこれらの器官の働きや視機能の働きが眼鏡などの光学的な矯正や治療によっても十分に改善されない状態を視覚障害という。

　視覚障害は，大きく「盲」と「弱視」に分けることができる。盲とは，見えない，あるいは視覚による情報の取得が極めて困難な状態をいう。触覚や聴覚などの視覚以外の感覚を活用し，学習の際は，点字や音声機器等を使用したりする。弱視は，視覚の活用が可能だが，個々の疾

患により見えにくさが異なる。学習の際は，墨字（普通文字）を視覚補助具等の活用により拡大したり，個々の見え方に応じた教材教具等を使ったりする。

（2）視覚障害のある子供の発達と指導・支援

　視覚は，情報入手のための重要な感覚であり，それが使えない，あるいは不十分にしか使えないことによって，様々な困難が生じることになる。その主なものを３点挙げる。１点目は，周囲の状況がよく分からないことにより，目的の場所へ移動すること。２点目は，文字の読み書きや図形・絵の読み取り，またその表現。そして３点目は，食事，衣服の着脱，買い物などの日常生活を円滑に行うことである。

　このような視覚障害による困難さを考えると，その障害が先天的であった場合は，出生時からその発達に大きな影響を与えることになる。視覚障害のある子供は，外界に働きかけるきっかけとなる情報が得られない，あるいは得られにくい状況に置かれており，積極的な探索行動を始める時期が健常児より遅れるといわれている。また始歩の時期についても，運動機能としては歩けるようになっていても周囲の状況が分からず，歩行の目標となるものが得られないことや不安感などから，遅れることがある。さらに，模倣ができない，できにくいことから，日常生活や運動に必要な動作を自然に身に付けることが難しくなる。他者との関係づくりについても，誰がどこにいて何をしているのか，どのような表情・状態にあるのかといった認知がしにくい。話し言葉の獲得は，健常児と比較しても，顕著な遅れはないといわれているが，言葉の概念が曖昧であったり，全く違ったイメージをもっていたりすることがある。獲得している言葉が実際の事物・事象と合致しているのか注意してみていくことが必要である。

第2章　視覚障害・聴覚障害の理解と支援　｜　**29**

　乳幼児期は，視覚障害の有無を問わず，心身の発達に極めて重要な時期である。自分を取り巻く人たちへのかかわり方を学び，周囲の物事についての理解を深め，社会生活を送る際のルールについても学び，学齢期に向けての基礎づくりをする時期である。健常児には，特段の支援を必要としない場面であっても，視覚障害のある子供には意図的な働きかけが必要となる。周囲の大人が子供の普段の動作や目の動きに注意し，子供が自分で判断したり，確かめたりすることができる遊具や用具，素材を工夫し，興味や関心をもって主体的に働きかけることができる環境を用意することが大切である。

　視覚障害のある子供の学齢期での指導の基本は，本来視覚から得られる様々な情報の不足分を教材教具の工夫や指導上の配慮，特別支援学校学習指導要領で示されている「自立活動」の指導などで補っていくことである。

　盲である児童生徒に対する指導では，凸図や模型などの触覚教材や音声教材を活用して，視覚的な情報を触覚や聴覚で把握できるようにしたり，モデルを示したりするなど，指導内容・方法を工夫する。

　弱視である児童生徒に対する指導では，視覚活用が中心となるが，他の感覚器官の活用も併せて考える必要がある。また，弱視児童生徒の見え方は十人十色であり，視力のほかに，視野の広さ，色覚障害の有無，眼振や羞明（しゅうめい）の有無などの影響を受ける。そのため，一人一人に適した文字サイズや図等の拡大教材，弱視レンズ，拡大読書器などの視覚補助具の活用や机の高さの調節，書見台の活用，照明器具等の工夫をして見やすい環境を整えることが大切である。

（3）視覚障害のある児童生徒の学びの場と教育課程

　視覚障害のある児童生徒の学びの場としては，特別支援学校（視覚障

害），弱視特別支援学級，通級による指導（弱視），通常の学級がある。

〈特別支援学校（視覚障害）〉

　特別支援学校（視覚障害）では，幼稚部，小学部，中学部，高等部を設置することができ，そこでは一貫した教育が行われている。特に高等部（専攻科を含む）では，普通科のほか職業学科（理療科等）が設置されている。特別支援学校（視覚障害）の対象となる視覚障害の程度は，「両眼の視力がおおむね 0.3 未満のもの又は視力以外の視機能障害が高度のもののうち，拡大鏡等の使用によつても通常の文字，図形等の視覚による認識が不可能又は著しく困難な程度のもの」（学校教育法施行令第 22 条の 3）とされている。教育課程は，小学部であれば小学校学習指導要領に準ずる各教科，道徳，外国語活動，総合的な学習の時間及び特別活動のほか，自立活動を加えて編成する。ここでいう「準ずる」とは，原則として「同一」という意味であり，小・中・高等学校の教育との違いは，児童生徒の障害に基づく種々の困難を改善・克服するために必要な知識，態度，習慣を養うための指導である「自立活動」が教育課程に位置付けられていることである。さらに，重複障害のある児童生徒も在籍していることから，各教科の各学年の目標や内容を下学年の教科の目標や内容に替えたり，特別支援学校（知的障害）の各教科に替えたりするなど，柔軟な教育課程の編成ができる（中学部，高等部も同様）。

〈弱視特別支援学級〉

　必要に応じて小・中学校等に設置されている弱視特別支援学級の対象となる視覚障害の程度は，「拡大鏡等の使用によっても通常の文字，図形等の視覚による認識が困難な程度のもの」（平成 25 年 10 月 4 日付け文部科学省初等中等教育局長通知）とされている。教育課程については，学校教育法施行規則第 138 条により，特別の教育課程を編成できることになっている。具体的には，小・中学校学習指導要領総則におい

て，特別の教育課程を編成する場合は，自立活動を取り入れること，個別の教育支援計画や個別の指導計画を作成・活用すること等が示されている。例えば，視知覚や視機能の向上を図る学習や，地図やグラフ等の資料を効率的に読み取るための視覚補助具の活用方法を学習するなどの障害の状態に応じた個々の特別な指導を系統的・継続的に行いながら，各教科等と特別な指導を関連付けた指導を工夫することなどである。

〈通級による指導（弱視）〉

　通級による指導（弱視）の対象となる視覚障害の程度は，「拡大鏡等の使用によっても通常の文字，図形等の視覚による認識が困難な程度の者で，通常の学級での学習におおむね参加でき，一部特別な指導を必要とするもの」（平成25年10月4日付け文部科学省初等中等教育局長通知）とされている。教育課程については，学校教育法施行規則第140条により特別の教育課程によることができるとされている。また，小学校及び中学校学習指導要領においては，障害のある児童に対して，通級による指導を行い，特別の教育課程を編成する場合には，特別支援学校小学部・中学部学習指導要領に示す自立活動の内容を参考とし，具体的な目標や内容を定め，指導を行うこと，個別の教育支援計画や個別の指導計画を作成し活用すること等が示されている。

〈通常の学級〉

　通常の学級に在籍している視覚障害のある児童生徒（通級による指導を受けていない）は，小・中学校等で編成される教育課程に基づいて学び，一斉の学習指導が基本となる。しかし，視覚による知覚や認知機能の困難さから学習が難しかったり，うまくできなかったりする場合があることから，学級担任や教科担任等が個々の視覚障害の状況に合わせて，見やすい環境の整備や拡大教材，触覚教材等の活用の工夫を行う。また，特別支援学校（視覚障害）や弱視特別支援学級などの支援を受け

ながら行うことが大切である。

（4）各教科等の指導

　各教科の目標，各学年の目標及び内容並びに指導計画の作成と内容の
取扱いは，小学校や中学校，高等学校学習指導要領で示すものに準じて
いるが，児童生徒の視覚障害の状態や特性及び心身の発達の段階等を十
分考慮するとともに，**表2-1**（特別支援学校小学部・中学部学習指導要
領及びその解説に基づき筆者作成）で示した事項について特に配慮す

表2-1　指導に当たっての配慮事項（視覚障害）

① **的確な概念形成と言葉の活用**
　児童生徒が聴覚，触覚及び保有する視覚などを十分に活用して，具体的
な事物・事象や動作と言葉とを結び付けて，的確な概念の形成を図り，言
葉を正しく理解し活用できるようにすること。

② **点字等の読み書きの指導**
　児童生徒の視覚障害の状態等に応じて，点字又は普通の文字の読み書き
を系統的に指導し，習熟させること。なお，点字を常用して学習する児童
に対しても，漢字・漢語の理解を促すため，児童の発達の段階等に応じて
適切な指導が行われるようにすること。

③ **指導内容の精選等**
　児童生徒の視覚障害の状態等に応じて，指導内容を適切に精選し，基礎
的・基本的な事項から着実に習得できるよう指導すること。

④ **コンピュータ等の情報機器や教材等の活用**
　視覚補助具やコンピュータ等の情報機器，触覚教材，拡大教材及び音声
教材等各種教材の効果的な活用を通して，児童生徒が容易に情報を収集・
整理し，主体的な学習ができるようにするなど，児童生徒の視覚障害の状
態等を考慮した指導方法を工夫すること。

⑤ **見通しをもった学習活動の展開**
　児童生徒が場の状況や活動の過程等を的確に把握できるよう配慮するこ
とで，空間や時間の概念を養い，見通しをもって意欲的な学習活動を展開
できるようにすること。

る。ここでは，小学部と中学部の各教科の配慮事項を示したが，高等部については，小・中学部の5項目の内容を発展的に示し，6項目目として「高等学校等を卒業した者が，社会経験を経るなどした後に，専門学科又は専攻科に入学した場合においては，その社会経験等を踏まえた指導内容となるよう工夫すること」を加えている。これは，高等部には，高等学校等を卒業して一定期間を経てから，視覚障害の進行等をきっかけに理療科等の専門教育を主とする学科に入学する生徒がいることから設けられている項目である。

3. 聴覚障害の理解と支援

(1) 聴覚障害とは

聴覚も前述の視覚と同様，「遠隔感覚」といわれ，身体から離れた外界の変化や情報を受け取ることのできる感覚である。聴覚障害とは，一般に耳介から大脳の第一次聴覚野に至るまでの経路のどこかの部位に障害が生じている状態を指す。**図 2-3** に聴覚経路図を示す。聴覚器官は，外耳（耳介，外耳道），中耳（鼓膜，鼓室，耳小骨，耳小骨筋，耳管），内耳（蝸牛，前庭，半規管），聴覚伝導路，聴覚中枢からなっている。そして，音を振動として伝える伝音系とその振動を電気的な信号に変えて脳まで伝える感音系に大別される。聴覚器官のどの部位に聴覚障害の原因があるかによって，伝音難聴（音が小さく聞こえる）と感音難聴（音がひずんで聞こえ，言葉の明瞭度が著しく低下する）に分けられる。また，伝音難聴と感音難聴が併存するものを混合性難聴という。

(2) 聴覚障害のある子供の発達と指導・支援

聴覚は音声言語の発達において，重要な役割を果たしている。聴覚障害のない子供は，周囲の音や音声を聞く中で，自然に話し言葉によるコ

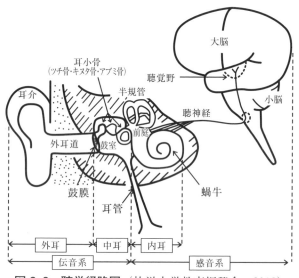

図 2-3　聴覚経路図（放送大学教育振興会，2013）

ミュニケーション能力を発達させていく。しかし，聴覚障害のある子供は，音・音声情報を受け取りにくいことから，聴覚を通して得る情報の不足，言語概念の形成の困難，言語の受容・表出の困難，自分の音声の聴覚フィードバックが困難なことによる発音の不明瞭さ，言葉による意思疎通の困難などが生じることがある。そのため，乳幼児期から小・中・高等学校段階まで，個々の児童生徒等の発達と生活場面の背景を踏まえた指導・支援が必要となる。さらに，現在，新生児聴覚スクリーニングの普及により，生後まもなく聴覚障害の有無を判断することができるようになり，早期からの実態把握や教育的対応の重要性がいわれている。

　乳幼児期は，その後の言語獲得の基盤となるコミュニケーションの成立を重視した指導が大切となる。とりわけ，乳児期に多くの時間を子供

と接する保護者への支援は重要である。保護者の中には，子育てに不安をもち，子供への積極的な働きかけやコミュニケーション意欲をもつことが難しい場合がある。特別支援学校（聴覚障害）の乳幼児相談等では，担当者が，保護者に対して子供への言葉がけや接し方についてモデルを示すなど，具体的な状況に応じたコミュニケーションについて支援することが大切である。幼児期では，種々の遊びや行事など，子供が様々な体験をすることができる機会を設定し，その中で一つ一つの言葉を確認しながら定着を図り，生活言語の基礎を形成し，学習言語へとつなげていくことになる。学齢期においては，子供一人一人の障害の状態や特性，発達の程度等に応じて，音声や手話等から得た知識や概念を日本語の読み書きへとつなげていくことが重要となる。

　聴覚障害のある子供たちが言葉を学習する場は日常の様々な場が想定できる。指導者や周りの人たちは，子供にできるだけ多くの言語経験をさせることを意識する必要がある。その際，子供に単に言葉を教え込むのではなく，それぞれの場面や子供の気持ちに合わせて言語経験をさせることが大切である。

（3）聴覚障害のある児童生徒の学びの場と教育課程

　聴覚障害のある児童生徒の学びの場としては，特別支援学校（聴覚障害），難聴特別支援学級，通級による指導（難聴），通常の学級がある。

〈特別支援学校（聴覚障害）〉

　特別支援学校（聴覚障害）の幼稚部，小学部，中学部，高等部の教育課程は，特別支援学校（視覚障害）同様，幼稚園，小学校，中学校，高等学校に準じ，それに「自立活動」を加えて編成する。重複障害のある児童生徒の規定についても特別支援学校（視覚障害）と同様である。対象となる聴覚障害の程度は，「両耳の聴力レベルがおおむね60デシベル

以上のもののうち，補聴器等の使用によつても通常の話声を解すること
が不可能又は著しく困難な程度のもの」(学校教育法施行令第22条の3)
とされている。ここで「補聴器等」としているのは，近年，重度の聴覚
障害のある子供たちへの装用が普及している「人工内耳」も含まれてい
るからである。

〈難聴特別支援学級〉

　難聴特別支援学級の聴覚障害の程度は，「補聴器等の使用によっても
通常の話声を解することが困難な程度のもの」(平成25年10月4日付
け文部科学省初等中等教育局長通知) とされている。教育の内容は，
小・中学校等における各教科等に加え，自立活動を取り入れている。自
立活動の主な内容は，聴覚活用に関すること，音声言語の受容（聞き取
り及び読話）と表出（話すこと及び書くこと）に関することなどが挙げ
られる。また，児童生徒の障害の状態等に応じて，言語（語句，文，文
章等）の意味理解やコミュニケーションの改善に関する内容も取り上げ
られる。

〈通級による指導（難聴）〉

　通級による指導（難聴）の聴覚障害の程度は，「補聴器等の使用に
よっても通常の話声を解することが困難な程度の者で，通常の学級での
学習におおむね参加でき，一部特別な指導を必要とするもの」(平成25
年10月4日付け文部科学省初等中等教育局長通知) とされている。こ
こでいう特別な指導とは，障害による学習上又は生活上の困難の改善・
克服を目的とする指導であり，例えば，保有する聴覚の活用，話し言葉
や学習に必要な言語の指導などが挙げられる。

〈通常の学級〉

　聴覚障害のある児童生徒が通常の学級で学ぶ場合，聴覚障害による困
難さに対する指導上の工夫や個に応じた手立てが必要となる。例えば，

教室の座席配置，学級集団の規模や教室内の音環境の整備，FM やデジタルなどによる補聴援助システム*等を使用して教師の声が安定して聴覚障害のある児童生徒に届くようにするなどの工夫が挙げられる。また，小学校，中学校，高等学校の学習指導要領の各教科の解説には，各教科等の学習の過程で考えられる困難さの状態とそれに対する配慮の意図や手立てが具体的に示されているので参照されたい。

＊補聴援助システム……話者が送信機のマイクを使い，その音声を補聴器に直接届けることができるシステム。

（4）各教科等の指導

　各教科等の目標は，小学校や中学校，高等学校の学習指導要領で示すものに準じて設定するが，聴覚障害があることにより，言語の習得やコミュニケーション，教科指導等において様々な指導上の配慮が必要となる。**表2-2**（特別支援学校小学部・中学部学習指導要領及びその解説に基づき筆者作成）に特に配慮する事項について示した。

　また，高等部の配慮事項についても小学部，中学部同様に6項目の観点が示されている。その内容は，小学部・中学部と共通しており，系統的・発展的な指導を求めているものである。高等部においては，中学部までの教育の成果を踏まえ，そこで習得した言語や知識等をもとに，教科学習を進めていく必要がある。より抽象的な学習言語へと言葉の質・量ともに変化していくことを考えると，日常的なコミュニケーション活動や読書活動などをさらに充実させていくことが望まれる。

表 2-2　指導に当たっての配慮事項（聴覚障害）

①　学習の基盤となる言語概念の形成と思考力の育成 　体験的な活動を通して，学習の基盤となる語句などについて的確な言語概念の形成を図り，児童生徒の発達に応じた思考力の育成に努めること。
②　読書に親しみ書いて表現する態度の育成 　児童生徒の言語発達の程度に応じて，主体的に読書に親しんだり，書いて表現したりする態度を養うよう工夫すること。
③　言葉等による意思の相互伝達 　児童生徒の聴覚障害の状態等に応じて，音声，文字，手話，指文字等を適切に活用して，発表や児童生徒同士の話し合いなどの学習活動を積極的に取り入れ，的確な意思の相互伝達が行われるよう指導方法を工夫すること。
④　保有する聴覚の活用 　児童生徒の聴覚障害の状態等に応じて，補聴器や人工内耳等の利用により，児童生徒の保有する聴覚を最大限に活用し，効果的な学習活動が展開できるようにすること。
⑤　指導内容の精選等 　児童生徒の言語概念や読み書きの力などに応じて，指導内容を適切に精選し，基礎的・基本的な事項に重点を置くなど指導を工夫すること。
⑥　教材・教具やコンピュータ等の活用 　視覚的に情報を獲得しやすい教材・教具やその活用方法等を工夫するとともに，コンピュータ等の情報機器などを有効に活用し，指導の効果を高めるようにすること。

学習課題

1. 外界の光の情報は，どのように脳に伝わるのか，また音の情報は，どのように脳に伝わるのか説明できるようにしよう。
2. 視覚障害教育，聴覚障害教育の教育課程編成上の特徴とポイントについてまとめよう。
3. 私たちの身の回りで，視覚障害や聴覚障害のある人たちへの配慮としてどのようなもの（物や事柄）があるか，それぞれの障害ごとにまとめてみよう。

引用文献

丸尾敏夫『NEW エッセンシャル眼科学 第 8 版』医歯薬出版，2014 年

放送大学『障害児・障害者心理学特論（新訂版)』2013 年

文部科学省『小学校学習指導要領（平成 29 年告示)』東洋館出版社，2018 年

文部科学省『中学校学習指導要領（平成 29 年告示)』東山書房，2018 年

文部科学省『特別支援学校幼稚部教育要領 小学部・中学部学習指導要領（平成 29 年 4 月告示)』海文堂出版，2018 年

文部科学省『特別支援学校高等部学習指導要領（平成 31 年 2 月告示)』海文堂出版，2019 年

文部科学省『障害のある子供の教育支援の手引～子供たち一人一人の教育的ニーズを踏まえた学びの充実に向けて～』ジアース教育新社，2022 年

参考文献

小林秀之・澤田真弓編著『特別支援教育のエッセンス　視覚障害教育の基本と実践』
　　慶應義塾大学出版会，2023 年
宍戸和成・原田公人・庄司美千代編著『特別支援教育のエッセンス　聴覚障害教育
　　の基本と実践』慶應義塾大学出版会，2023 年
国立特別支援教育総合研究所『特別支援教育の基礎・基本 2020』ジアース教育新
　　社，2020 年

3 | 知的障害・肢体不自由・病弱の理解と支援

滝川国芳，金森克浩

《**目標＆ポイント**》 知的障害，肢体不自由，病弱・身体虚弱についてそれぞれの障害の状態や特性について心理面等も踏まえて触れ，関係法令及び特別支援学校学習指導要領に基づく教育的支援について概説する。

《**キーワード**》 知的障害，肢体不自由，病弱・身体虚弱，教育課程・学習指導要領

1. 知的障害

（1）知的障害とは

　知的障害とは，一般に，同年齢の子供と比べて，「認知や言語などにかかわる知的機能」の発達に遅れが認められ，「他人との意思の交換，日常生活や社会生活，安全，仕事，余暇利用などについての適応能力」も不十分であり，特別な支援や配慮が必要な状態とされている。その多くは，胎生期，出生時及び出生後の比較的早期に起こるとされ，おおむね18歳までとすることが一般的である。また，その状態は，環境的・社会的条件で変わりうる可能性があるといわれている。

　「知的機能」は，認知，記憶，言語，思考，学習，推理，想像，判断などのスキルを含む知的能力のことであり，「適応能力」とは，他人との意思の交換，日常生活や社会生活，安全，仕事，余暇利用など，毎日の生活の中で，学習し行っている総合的なスキルのことである。知的障

害の状態は，不変で固定的であるということではなく，個々の発達状況に応じて変化する。つまり，一人一人の障害の状態に応じた教育的対応や環境条件などを整備することによって，障害の状態が変わりうる。ここに教育の意義がある。

（2）知的障害の実態把握

知的障害の実態把握は，知的機能に関する状態，適応行動の困難性に関する状態を確認した上で，総合的に行う。知的機能に関する状態の把握においては，標準化された個別式の知能検査や発達検査を用いることが必要である。知能検査の結果は，精神年齢（MA：Mental Age）・知能指数（IQ：Intelligence Quotient），発達検査の結果は，発達年齢（DA：Developmental Age）・発達指数（DQ：Developmental Quotient）を数値で示し，知能指数・発達指数がおおよそ70〜75程度以下の平均的水準以下の場合を知的機能の発達に遅れがある状態としている。

適応行動の困難性に関する状態の把握においては，特別な支援や配慮なしに，同じ年齢段階の者に標準的に要求されるものと同様の適応行動をとることが可能であるかどうかを調査することが大切である。そこで，標準化された発達検査や社会生活能力検査を用いたり，独自の調査項目を設定して行動観察を行ったりする。適応行動の困難性は，家庭や学校等の環境との関係性において把握することが大切である。

諸検査等の結果に基づく総合的な判断は，検査や調査，観察などの担当者，専門家等の意見等を踏まえ丁寧に行うことが重要である。

（3）知的障害のある児童生徒の学習上の特性

知的障害のある児童生徒の学習上の特性と教育的対応の基本として，特別支援学校学習指導要領解説各教科等編には次のように記されてい

る。

【特性】

・学習によって得た知識や技能が断片的になりやすく，実際の生活の場面の中で生かすことが難しい。

・成功経験が少ないことなどにより，主体的に活動に取り組む意欲が十分に育っていないことが多い。

・抽象的な内容の指導よりも，実際的な生活場面の中で，具体的に思考や判断，表現できるようにする指導が効果的である，等。

【教育的対応の基本】

・児童生徒の知的障害の状態，生活年齢，学習状況や経験等を考慮して教育的ニーズを的確に捉え，育成を目指す資質・能力を明確にし，指導目標を設定するとともに，指導内容のより一層の具体化を図る。

・望ましい社会参加を目指し，日常生活や社会生活に生きて働く知識及び技能，習慣や学びに向かう力が身に付くよう指導する。

・職業教育を重視し，将来の職業生活に必要な基礎的な知識や技能，態度及び人間性等が育つよう指導する。その際に，多様な進路や将来の生活について関わりのある指導内容を組織する。

・生活の課題に沿った多様な生活経験を通して，日々の生活の質が高まるよう指導するとともに，よりよく生活を工夫していこうとする意欲が育つよう指導する。

・自発的な活動を大切にし，主体的な活動を促すようにしながら，課題を解決しようとする思考力，判断力，表現力等を育むよう指導する。

・児童生徒が，自ら見通しをもって主体的に行動できるよう，日課や学習環境などを分かりやすくし，規則的でまとまりのある学校生活が送れるようにする。

・生活に結びついた具体的な活動を学習活動の中心に据え，実際的な状況下で指導するとともに，できる限り児童生徒の成功経験を豊富にする。
・児童生徒の興味や関心，得意な面に着目し，教材・教具，補助用具やジグ等を工夫するとともに，目的が達成しやすいように，段階的な指導を行うなどして，児童生徒の学習活動への意欲が育つよう指導する。
・児童生徒一人一人が集団において役割が得られるよう工夫し，その活動を遂行できるようにするとともに，活動後には充実感や達成感，自己肯定感が得られるように指導する。
・児童生徒一人一人の発達の側面に着目し，意欲や意思，情緒の不安定さなどの課題に応じるとともに，児童生徒の生活年齢に即した指導を徹底する。

（4）知的障害のある児童生徒の学びの場
〈知的障害のある児童生徒の学びの場と対象となる障害の程度〉
　知的障害のある児童生徒の学びの場としては，特別支援学校（知的障害），知的障害特別支援学級等が考えられる。
　特別支援学校（知的障害）の対象となる障害の程度は，学校教育法施行令第22条の3に，次のように示されている。

一　知的発達の遅滞があり，他人との意思疎通が困難で日常生活を営むのに頻繁に援助を必要とする程度のもの
二　知的発達の遅滞の程度が前号に掲げる程度に達しないもののうち，社会生活への適応が著しく困難なもの

知的障害特別支援学級の対象となる障害の程度は，平成25年10月4日付け文部科学省初等中等教育局長通知に次のように示されている。

> 知的発達の遅滞があり，他人との意思疎通に軽度の困難があり日常生活を営むのに一部援助が必要で，社会生活への適応が困難である程度のもの

なお，現在の就学支援の考え方は本人・保護者の意思も尊重しながら総合的判断に基づき柔軟に検討される。そのため，知的障害の程度が上記の程度にある場合でも，関係者の共通理解のもとで，通常の学級で学ぶ場合もある。

以下，特別支援学校の教育について概説する。

〈特別支援学校（知的障害）の教育と教育課程編成〉

知的障害のある幼児児童生徒に対する教育を行う特別支援学校には，幼稚部，小学部，中学部，高等部を設けることができる。また，高等部には普通科のほかに家政，農業，工業，流通・サービス，福祉などの職業教育を主とする学科が設けられていることもある。近年は，高等部単独の学校も増加している。

知的障害教育の目標は，子供一人一人の全人的発達を図り，その可能性を最大限に伸ばすという点では基本的に小学校，中学校及び高等学校と同様である。特に，在学する子供の知的障害の特性を考慮すると，日常生活や社会生活の技能や習慣を身に付けるなど，望ましい社会参加のための知識，技能及び態度を養うことに重点が置かれている。

教育課程の編成に当たっては，子供の障害の状態や発達段階を的確に把握し，地域の特色を踏まえて，実生活に結び付いた内容を中心とし，実際的，体験的な活動を通して幼児児童生徒が主体的に学習活動に取り

組めるよう指導計画を作成することが必要である。

　教育課程の区分は，各教科と道徳科，外国語活動，総合的な学習の時間（小学部を除く），特別活動及び自立活動の領域に分類している。その指導の形態としては「教科別に指導を行う場合」「道徳科，外国語活動，特別活動，自立活動の時間を設けて指導を行う場合」「各教科等を合わせて指導を行う場合」が示されている。「各教科等を合わせて指導を行う場合」については従前から日常生活の指導，遊びの指導，生活単元学習，作業学習などとして実践されてきている。

2. 肢体不自由

（1）肢体不自由とは

　肢体不自由とは「身体の動きに関する器官が，病気やけがで損なわれ，歩行や筆記などの日常生活が困難な状態」と文部科学省の「障害のある子供の教育支援の手引」では定義している。医学的な側面としては「医学的には，発生原因のいかんを問わず，四肢体幹に永続的な障害があるものを，肢体不自由という」とされ，教育的，心理的な側面からみると「身体の動きに関する器官が，病気やけがで損なわれ，歩行や筆記などの日常生活動作が困難な状態」となる。

（2）原因となる主な疾患と特徴

　肢体不自由の原因となる疾患は多様だが，現在，肢体不自由特別支援学校に通う児童生徒の大半が脳性疾患である。令和2年の全国の肢体不自由特別支援学校校長会による児童生徒病因別調査によると脳性疾患が63.7％，筋性疾患が4.3％，脊椎・脊髄疾患が4.4％，骨系統疾患が1.3％，その他が26.3％となっている。

　脳性疾患の主なものは「脳性まひ，脳外傷後遺症，脳水腫症」などが

あるが多くは脳性まひである。「脳性まひ」という用語は，医学的診断名というより状態像を表すものである。脳性まひの定義としては「受胎から新生児期までに非進行性の病変が脳に発生し，その結果，永続的なしかし変化しうる運動及び姿勢の異常である。ただ，その症状は2歳までに発現する。進行性疾患や一過性運動障害又は将来正常化するであろう運動発達遅延は除外する（昭和43年厚生省脳性まひ班会議）」とされている。

　筋性疾患の主な症例としては筋ジストロフィーがある。言葉のとおり進行性で筋力が衰える病気で，歩行障害から関節の拘縮，手の障害，呼吸の障害などを併発する。男子に現れるデュシャンヌ型筋ジストロフィー，ベッカー型筋ジストロフィー，福山型筋ジストロフィーなどがある。脊椎・脊髄疾患としては脊椎側弯症，二分脊椎，脊髄損傷などがある。

（3）肢体不自由のある児童生徒の学びの場
〈肢体不自由のある児童生徒の学びの場と対象となる障害の程度〉
　肢体不自由のある児童生徒の学びの場としては，特別支援学校（肢体不自由），肢体不自由特別支援学級，通級による指導（肢体不自由）等が考えられる。

　学校教育法施行令第22条の3では特別支援学校（肢体不自由）の対象となる障害の程度としては，以下のように規定されている。

一　肢体不自由の状態が補装具によっても歩行，筆記等日常生活における基本的な動作が不可能又は困難な程度のもの

二　肢体不自由の状態が前号に掲げる程度に達しないもののうち，常時の医学的観察指導を必要とする程度のもの

また，肢体不自由特別支援学級の対象となる障害の程度は，平成25年10月4日付け文部科学省初等中等教育局長通知に次のように示されている。

> 補装具によっても歩行や筆記等日常生活における基本的な動作に軽度の困難がある程度のもの

通級による指導（肢体不自由）の対象となる障害の程度としては以下の通りである。

> 肢体不自由，病弱又は身体虚弱の程度が，通常の学級での学習におおむね参加でき，一部特別な指導を必要とする程度のもの

なお，先に触れたように，学びの場は総合的判断に基づき柔軟に検討されるため，上記に該当する障害の程度であっても通常の学級に在籍している場合もある。

（4）教育的支援の実際

肢体不自由のある子供の指導を考えるには，個々の実際を丁寧に把握し，学習上の困難さがどこにあるかを理解することが大切になる。そのため，自立活動の内容を中心に，必要な支援を考えていくことが重要となる。

① 健康の保持

肢体不自由のある子供を理解する上ではそれぞれの子供の障害の原因となる病気を理解することが大切になる。そのためには教員だけでなく，子供のかかりつけの病院の医師や学校医，養護教諭や学校看護師と

連携して情報を共有する必要がある。例え同じ病気だとしても現れる状態像は違うこともあるため，病気を理解するだけでなく子供の様子を適切に観察することも大切になる。

　また，近年は医療的ケアの必要な子供が増えており，一定の研修を受けることで教員自身が医療的ケアを行う場合もある。令和3年に医療的ケア児を支援する法律が制定され，関係機関が連携しながら対応することがとても重要になってきている。

② 　身体の動き

　障害の状態により，安定した姿勢を保持することが難しい場合，車椅子の使用や，座位保持装置と呼ばれる姿勢を安定させる補助具を利用して学習に集中できるようにすることが大切になる。

　また，脳性まひの子供は，見て理解したり聞いて理解したりすることに困難がある場合もある。注目すべきところを強調して，視覚と聴覚の両方を活用できるようにするなど，指導方法を工夫することが必要になる。

　肢体不自由のある子供は車椅子等を利用している場合も多い。移動することが困難な子供でも車椅子を使用することで自分で好きなところに行くことができる。「自分でできる」という経験は大きく生活の質を変える。特別支援学校学習指導要領では「補助具」や「補助用具」と呼ばれ，車椅子以外にも様々な機器があり，学習への参加を促すものとなる。これらを適切に活用することは生活の質や学習への参加の可能性を大きく変えることとなる。

③ 　コミュニケーション

　身体的な動きの困難さだけでなく，脳性まひのように脳機能の障害によって全身の運動に不自由さが生まれることもある。そのため，会話をするための言語機能が大きく損なわれてしまうため，認知的に理解をし

ていても表現することが難しくなり，コミュニケーションの力が十分に獲得できないことがある。コミュニケーションは双方向であるため，障害のある子供自身の機能の改善だけに限定されることではなく，学習環境としての教室や教員，他の子供とのかかわり方なども重要になる。その上で，AAC（Augmentative and Alternative Communication：拡大代替コミュニケーション）と呼ばれるコミュニケーション支援の技法が特に重度障害のある子供の指導には普及してきている。

3. 病弱

（1）病弱・身体虚弱とは

　病弱・身体虚弱ともに医学用語ではなく一般用語であるが，学校教育法第72条において特別支援学校の教育対象の一つとして「病弱者（身体虚弱者を含む）」と示しており，法令ではこれらの用語が使用されている。病弱とは，心身が病気のため弱っている状態をいう。また，身体虚弱とは，病気ではないが身体が不調な状態が続く，病気にかかりやすいといった状態をいう。これらの用語は，このような状態が継続して起こる，または繰り返し起こる場合に用いられており，例えば風邪の症状のように一時的な場合は該当しない。

（2）病弱・身体虚弱教育の対象となる疾患

　病弱・身体虚弱教育の対象となる疾患の種類は多いだけではなく，病気等の状態や背景なども多様である。文部科学省（2021）の「障害のある子供の教育支援の手引～子供たち一人一人の教育的ニーズを踏まえた学びの充実に向けて～」に示されている病弱教育の対象として比較的多くみられる疾患は表3-1のとおりである。

第3章　知的障害・肢体不自由・病弱の理解と支援　│　**51**

表3-1　病弱教育の対象として比較的多くみられる疾患

①	悪性新生物（白血病・神経芽腫）	⑧	てんかん
②	腎臓病（急性糸球体腎炎・慢性糸球体腎炎・ネフローゼ症候群）	⑨	筋ジストロフィー
③	気管支喘息（ぜんそく）	⑩	整形外科的疾患（二分脊椎症・骨形成不全症・ペルテス病・脊柱側弯症）
④	心臓病（心室中隔欠損・心房中隔欠損・心筋症・川崎病）	⑪	肥満（症）
⑤	糖尿病（1型糖尿病・2型糖尿病）	⑫	心身症（反復性腹痛・頭痛・摂食障害）
⑥	血友病	⑬	うつ病等の神経疾患
⑦	アレルギー疾患（アトピー性皮膚炎・食物アレルギー）	⑭	重症心身障害

（3）病弱・身体虚弱のある子供の心理社会的な課題

　幼児期は，入院し家庭と離れることによって分離不安，情緒不安を示しやすくなり，治療や入院に伴う苦痛体験やその過程で感じる様々な不安や遊びの欠如などからストレスをためやすい。そのため，時には退行行動がみられたり，睡眠や食事などに異常を示したり，頭痛，腹痛等の身体症状として出現したりすることもある。これらに対応するには，保護者との面会を容易にする面会時間の自由化，保護者のための部屋の確保などが必要である。また，遊びを通して情緒的な安定を図り，発達を促す上でも病院内で保育ができる環境づくりが重要となる。そのためのプレイルームの設置や保育士，CLS（Child Life Specialist）等の専門職を配置する医療機関もある。

　学齢期は，基本的生活習慣が形成され，家庭外の生活が多くなる時期

であり，友人関係の形成等を通して社会性が拡大する時期である。入院や治療のため学校を欠席しがちになると，学習に遅れが出たり，クラス内で孤立しがちになったりして，仲間から取り残されるといった恐怖感や不安感が高まる。また，長期間の入院をする場合，病院という隔離された環境から，経験不足に陥ったり，仲間関係や社会適応の構築が未発達になったりすることもある。学習の遅れや行動面や情緒面での問題については，医療者，保護者，教育関係者等がお互いに連携を密に図り，支援していくことが望まれる。

思春期は，心身の成長・発達が著しい時期で，心理的には親から独立して自我同一性を求め，社会性を付けて成人期の基礎を養う時期である。この時期は，例えば，理想的な自分のイメージと現実の自分の容姿や能力を比較することで劣等感をもつなど様々な葛藤が起きやすい時期であり，自分の将来の生活についての考えを探求する時期でもある。このような特性から，思春期に慢性疾患等になると，学業の遅れや欠席などの学校生活上の問題や服薬による副作用への不安，ボディイメージに関する劣等感，病気の予後や自分の将来についての不安などを抱くようになり，複雑な心理社会的な問題を抱えるようになる。時には，保護者や医療者に反発し，治療拒否にまで発展することもあるなど，自立という課題の達成のために病気を抱えながら様々な葛藤を経験することになる。そのため，行動や身体面の変化の背景にあるこれらの課題に関して，十分に配慮して指導に当たることが必要である。

（4）病弱教育の意義

病気療養する子供（以下，病気療養児）は，長期，短期，頻回の入院等による学習空白によって，学習に遅れが生じたり，回復後においては学業不振になったりすることも多く，病弱教育は，学習の遅れなどを補

完し，学力を補償する上で，重要な意義がある。その他にも次のような
点について意義がある。

① 積極性・自主性・社会性の涵養

病気療養児は，長期にわたる療養経験から，積極性，自主性，社会性
が乏しくなりやすい等の傾向もみられる。このような傾向を防ぎ，健全
な成長を促す上でも，病気療養児の教育は重要である。

② 心理的安定への寄与

病気療養児は，病気への不安や家族，友人と離れた孤独感などから，
心理的に不安定な状態に陥り易く，健康回復への意欲を減退させている
場合が多い。病気療養児に対して教育を行うことは，児童生徒に生きが
いを与え，心理的安定をもたらし，健康回復への意欲を育てることにつ
ながると考えられる。

③ 病気に対する自己管理能力

病気療養児の教育は，病気の状態等に配慮しつつ，病気を改善・克服
するための知識，技能，態度及び習慣や意欲を培い，病気に対する自己
管理能力を育てていくことに有用なものである。

④ 治療上の効果等

医師，看護師等の医療関係者の中には，経験的に，学校教育を受けて
いる病気療養児の方が，治療上の効果があり，退院後の適応もよく，ま
た，再発の頻度も少なく，病気療養児の教育が，健康の回復やその後の
生活に大きく寄与することを指摘する者も多い。また，教育の実施は，
病気療養児の療養生活環境の質（QOL：Quality of life）の向上にも資
するものである。

（5）病弱・身体虚弱のある児童生徒の学びの場

〈病弱・身体虚弱のある児童生徒の学びの場と対象となる障害の程度〉

　通常の学級において病気等による困難さに対する指導上の工夫や個に応じた手立てを講じながら学ぶ場合のほかに，通級による指導（病弱・身体虚弱），病弱・身体虚弱特別支援学級，特別支援学校（病弱）がある。他の障害と同様に学びの場については柔軟に検討される。

　特別支援学校（病弱）の対象となる障害の程度は，学校教育法施行令第22条の3に，次のように示されている。

　一　慢性の呼吸器疾患，腎臓疾患及び神経疾患，悪性新生物その他の疾患の状態が継続して医療又は生活規制を必要とする程度のもの
　二　身体虚弱の状態が継続して生活規制を必要とする程度のもの

　病弱・身体虚弱特別支援学級の対象となる障害の程度は，平成25年10月4日付け文部科学省初等中等教育局長通知に次のように示されている。

　一　慢性の呼吸器疾患その他疾患の状態が持続的又は間欠的に医療又は生活の管理を必要とする程度のもの
　二　身体虚弱の状態が持続的に生活の管理を必要とする程度のもの

　通級による指導（病弱・身体虚弱）の対象となる障害の程度としては以下の通りである。

　病弱又は身体虚弱の程度が，通常の学級での学習におおむね参加でき，一部特別な指導を必要とする程度のもの

以下，特別支援学校（病弱）の教育について概説する。

〈特別支援学校（病弱）の教育と教育課程編成〉

病弱者である児童生徒に対する教育を行う特別支援学校の多くは，医療機関が隣接又は併設しており，在籍する児童生徒の多くは入院や通院による治療を必要としている。特別支援学校（病弱）には，幼稚部，小学部，中学部，高等部を設けることができる。近年，高等部が設置されていない学校では，病気療養する高校生への支援が喫緊の課題となっている。

病弱者である児童生徒に対する教育を行う特別支援学校における教育課程の編成は，「小学校・中学校・高等学校の当該学年の学習指導要領に準ずる教育課程」「下学年・下学部適用の教育課程」「知的障害者である児童生徒に対する教育を行う特別支援学校の各教科を中心とした教育課程」「自立活動を主とする教育課程」に類型化される。個々の病状等に応じた教育内容，方法を準備するために，教育課程の柔軟な運用によって，個別の指導計画を作成することが重要である。また，授業時数なども学習の状況，病状等，個に応じて配当できるようにしていくことが大切である。

学習課題

1. 知的障害教育における「各教科等を合わせた指導」とはどのような指導か調べておこう。
2. 肢体不自由児の学習を支援する補助具や補助用具は，実際にどのように使われているか調べよう。
3. 病弱・身体虚弱のある子供の心理社会的な課題と病弱教育の意義について考えてみよう。

引用・参考文献

AAIDD（American Association on Intellectual and Developmental Disabilities），Defining Criteria for Intellectual Disability（https://www.aaidd.org/intellectual-disability/definition）（2023 年 12 月 30 日閲覧）

文部科学省『特別支援学校幼稚部教育要領 小学部・中学部学習指導要領（平成 29 年 4 月告示）』海文堂出版，2018 年

文部科学省『特別支援学校高等部学習指導要領（平成 31 年 2 月告示)』海文堂出版，2019 年

文部科学省『特別支援学校教育要領・学習指導要領解説 総則編（幼稚部・小学部・中学部)』東洋館出版社，2018 年

文部科学省『特別支援学校学習指導要領解説 各教科等編（小学部・中学部）（平成 30 年 3 月)』開隆館出版，2018 年

国立特別支援教育総合研究所『特別支援教育の基礎・基本 2020』ジアース教育新社，2020 年

文部科学省『障害のある子供の教育支援の手引〜子供たち一人一人の教育的ニーズを踏まえた学びの充実に向けて〜』ジアース教育新社，2022 年

金森克浩・大井雅博「肢体不自由・病弱を知る（第 3 章)」（村上香奈・中村晋編著『すべての子供に寄り添う特別支援教育』ミネルヴァ書房，2023 年）

川間健之介・長沼俊夫『肢体不自由児の教育〔新訂〕』NHK 出版，2020 年

長沼俊夫「肢体不自由と病弱の理解と支援（第 2 部)」（齋藤雅英編著『特別支援教育』中山書店，2021 年）

文部省 病気療養児の教育に関する調査研究協力者会議『病気療養児の教育について（審議のまとめ)』1994 年

一般社団法人日本育療学会『標準「病弱児の教育」テキスト【改訂版】』ジアース教育新社，2022 年

4 | 重複障害の理解と支援

齊藤由美子

《**目標＆ポイント**》 重複障害の状態や特性や医療的ケアの現状について触れながら，子供のニーズに応じた教育的支援の在り方について理解を深める。また，教育課程の編成，個別の教育支援計画と個別の指導計画に基づく指導・支援，自立と社会参加について概説する。

《**キーワード**》 重複障害，医療的ケア，教育的支援，個別の教育支援計画と個別の指導計画，保護者・専門職との連携，自立と社会参加

1. 重複障害の定義と現況

（1）重複障害の概念

　昭和54年度から養護学校（現在の知的障害，肢体不自由，病弱の特別支援学校）教育の義務制が施行され，それまでは家庭や施設等で，障害を理由に就学猶予・就学免除の対象となっていた重度の障害がある児童生徒についても学校教育が保障されることとなった。そこから半世紀近くを経た現在，特別支援学校に在籍する障害のある児童生徒の重度・重複化，障害の多様化が進み，医療的ケアを必要とする児童生徒が増加し，これまで以上に一人一人に対応した適切な指導や必要な支援が求められている。

　文部科学省は「重複障害者」を，「複数の種類の障害を併せ有する（幼児）児童又は生徒」（特別支援学校幼稚部教育要領，同小学部・中学部学習指導要領〈平成29年4月公示〉，同高等部学習指導要領〈平成

31年2月公示〉）と定義している。ここでいう「障害」とは，視覚障害，聴覚障害，知的障害，肢体不自由，及び病弱を指しており，「重複障害者」とは，原則的には学校教育法施行令第22条の3で規定している程度の障害を複数併せ有する者のことである。しかし，特別支援学校教育要領・学習指導要領解説総則編では，教育課程を編成する際には，指導上の必要性から，必ずしもこの定義に限定される必要はなく，言語障害，自閉症，情緒障害等を併せ有する場合を含めて考えてもよい，としている。

（2）重複障害教育の現況

　特別支援学校には，単一障害学級のほかに，重複障害学級が設置されている。この重複障害学級の対象となるのは，前述した「学校教育法施行令第22条の3に規定している程度の障害を複数併せ有する児童生徒」である。「公立義務教育諸学校の学級編制及び教職員定数の標準に関する法律」では，特別支援学校の小・中学部一学級の児童生徒は6人を標準（高等部については8人）と定めている。重複障害学級においては，児童生徒の障害が重複しており，障害の程度が重く，きめ細やかな指導が必要であることから，一学級の児童生徒は3人（高等部も同様）を標準とするように定めている。

　文部科学省の「特別支援教育資料（令和4年度）」（令和6年1月）によると，令和4年度に特別支援学校の重複障害学級に在籍する小学部児童は16,337人（重複障害学級在籍率33.0％），中学部生徒は9,672人（同在籍率29.8％），高等部生徒は11,502人（同在籍率17.6％）であった。全体としては，特別支援学校に在籍する全児童生徒の四分の一以上が重複障害学級で学んでいることになる。特別支援学校の障害種別でみると，肢体不自由のみを対象とする特別支援学校の重複障害学級在籍率が約86％で最も高い。重複する障害種に注目すると，重複障害学級の児

童生徒のほとんどが知的障害を併せ有しており，知的障害と肢体不自由の二つを併せ有する児童生徒が最も多い。さらに，感覚障害（視覚障害，聴覚障害）を含む四～五つの障害を併せ有する児童生徒もいる。特別支援学校の重複障害学級においては，障害状況が極めて多様であり，障害の重度化・重複化が一層進行している状況がうかがえる。

(3) 学校で実施されている医療的ケア

家庭や学校における生活の中で，日常的に痰の吸引や注入による経管栄養等の医療的ケアが必要な児童生徒がいる。文部科学省「学校における医療的ケアに関する実態調査」（令和5年3月）によると，令和4年度に特別支援学校において日常的に医療的ケアを必要とする幼児児童生徒数は，特別支援学校在籍数全体の約6％にあたる8,361人であった。また，特別支援学校のみならず，幼稚園，小・中・高等学校にも2,130人の医療的ケア児が在籍していることが明らかになっている。

特別支援学校において多く実施されている医療的ケアには，喀痰吸引（口腔内・鼻腔内・気管カニューレ内），経管栄養（胃ろう・腸ろう）等がある（図4-1～3参照）。この他，気管切開部の管理，吸入・ネブラ

図4-1　喀痰吸引
　　　（口腔内）

図4-2　喀痰吸引
　　　（気管カニューレ内）

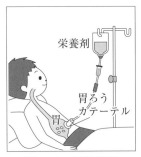

図4-3　経管栄養
　　　（胃ろう）

イザー，酸素療法，人工呼吸器の管理，導尿など数多くの医療的ケアが
実施されている。

　平成24年度の制度改正により看護師等の免許を有しない教員等も，
一部の医療的ケア（口腔・鼻腔内吸引，経管栄養等）については，研修
を修了し，都道府県知事に認定された場合には，「認定特定行為業務従
事者」として，特別支援学校に配置された看護師との連携のもとで実施
できることになっている。しかしながら，医療的ケアのうち6割は看護
師でなければできないものである。現在，看護師等の適切な配置を行い
つつ，学校における医療的ケアの実施体制の充実が図られつつある。

　学校において医療的ケアが実施されることにより，児童生徒の生活リ
ズムが安定したり，授業の継続性が保たれたりする等，児童生徒の成長
や学びにつながっていることが報告されている。学校における医療的ケ
アの実施にあたっては，主治医，学校医，看護師等の専門職との連携に
よる安全の確保，保護者への十分な説明と同意に基づいた相互の連携協
力に，特に配慮が必要である。

（4）学習指導要領における重複障害者等に関する教育課程の取扱い

　特別支援学校学習指導要領では「重複障害者等に関する教育課程の取
扱い」を規定している。この規定は，児童生徒の障害の状態や特性及び
心身の発達の段階等，また，卒業後の進路や生活に必要な資質・能力等
に応じた弾力的な教育課程を編成することができることを示すものであ
る（菅野，2019）。具体的には，視覚障害者，聴覚障害者，肢体不自由
者，病弱者である児童生徒の教育を行う特別支援学校に在籍する知的障
害を併せ有する児童生徒については，知的障害の児童生徒を対象とした
各教科等の目標や内容に替えることができることが示されている。さら
に，重複障害者のうち，「障害の状態により特に必要がある場合」には，

「自立活動を主として指導を行うことができる」としている。

　従来，重複障害のある，また障害の程度が重い児童生徒は，この「自立活動を主とする教育課程」で学ぶ傾向が強くみられた。しかし，特別支援学校学習指導要領解説総則編においては，カリキュラム・マネジメントの視点から，この規定を適用する際には「障害が重複している，あるいはそれらの障害が重度であるという理由だけで，各教科等の目標や内容を取り扱うことを全く検討しないまま，安易に自立活動を主として指導を行うことのないように留意しなければならない」としている。児童生徒にとって「各教科の学びとは何か」を各学校で捉えなおし，教育課程に反映させることが求められている。

　重複障害，重い障害のある児童生徒にとっての自立活動と各教科の関係を考えるに当たり，下山（2022）の「自立活動で各教科の土台を築く」という，以下に引用する考え方が参考になろう。

　　「どんなに重い障害のある子供であっても，（「知・徳・体」の力をバランスよく伸ばす）調和的発達が求められます。我が国に生まれ，この社会で生きていく子供には，この国の人々が思いを伝えあう言葉や豊かな生活のための様々な知識，自然や人間との触れ合いで生まれる豊かな感情，そうした文化を享受し，他の人との交流を支える体を育む必要があるのです。こうした内容は，障害の重い子供であっても国語，音楽，体育などの各教科や道徳科等で扱っていきます。自立活動は，これらの学習が十分できるよう，安定した体調，よく働く目や耳，活動を支える姿勢，人に向かう関心など，各教科等を学ぶ基盤を築いていくのです。障害の重い子供であっても，自立活動で土台を築き，その上に社会とつながる各教科等を積み上げていくという原則は変わらないのです。」（p21）

2. 重複障害がある子供への教育的支援

（1）重複障害があることで生じる困難

　重複障害がある子供への教育的支援を検討する前提として，「障害が重複した場合に追加・増幅して生じる困難」があることを理解しておくことは大切である（国立特別支援教育総合研究所，2020）。例えば，肢体不自由があるために自分の動きを通して体験することに難しさがある子供は，視覚や聴覚を活用することで新しい概念を学ぶことが可能だが，肢体不自由に加えて視覚障害を併せ有する場合，観察等による学習が極めて困難になる。さらに知的障害が加わると，視覚や聴覚，触覚等から得られた限られた情報の意味を理解したり，記憶したり，因果関係を整理したりする困難さが何倍にも増幅されることになる。さらに，「重複障害の困難を理解していないために，周囲の人が不適切なかかわりをすることで生じる困難」があることには特に留意しなければならない。生活の様々な場面で介助を要し，周囲には分かりにくい表現手段しかない子供の場合，その子供の潜在的能力は極めて低くみなされがちになってしまう。そのために，子供の自発性や自立的な成長が大きく影響を受けてしまう場合がある。重度の障害があっても，人は「主体的に人や環境にかかわりたい」という根源的な欲求をもっていることを意識して，子供一人一人に合った教育的支援を検討することが大切である。

（2）重複障害がある子供の実態把握

① 医学的診断と生育歴

　重複障害のある子供の実態把握では，医学的診断や所見，生育歴などについてできるだけ正確な情報を得ることが必要である。重複障害となる原因は出生前の原因（胎内感染症，脳奇形，染色体異常等），出生

時・新生児期の原因（分娩異常，低酸素，極小未熟児等），周生期以降の原因（脳炎等中枢性神経感染症，頭部外傷による脳損傷等）など，様々である。病名が分かることによって，かかわる際の留意点や教育的支援の手がかりを得たり，今後必要となる支援を検討したりすることができる。また，これまでの治療や療育の経過について把握しておくことは，子供理解とともに，子供を育ててきた家族の歴史を理解することにもつながる。

② 評価の領域

子供の状態に応じ，様々な領域の評価を行う必要がある。具体的には健康面の領域（呼吸，生活リズム，発作の状況等），身体に関する領域（姿勢，移動，粗大運動，手指の微細運動等），感覚に関する領域（視覚，聴覚，触覚等），知覚・認知に関する領域，対人関係・情緒・コミュニケーションに関する領域等である。さらに，摂食機能等の特定の領域について細やかな評価が必要な場合もある。理学療法士，作業療法士，言語聴覚士等の専門家と連携して評価を行うことが求められる。

③ 評価の方法

評価にあたっては標準化された発達検査を用いることで，上記に挙げたような複数の領域についての発達状況や，今育ちつつある予測的な行動を捉えることができる。反面，標準化された検査の多くは，障害のない子供の発達の順序性がもとになっているため，重複障害のある子供の発達状況を把握しづらい場合もある。標準化された検査を用いる場合には，それぞれの検査の特徴を理解し，検査の目的から子供の実態に応じた検査を選択した上で，適切な実施と結果の解釈を行う必要がある。

標準化された発達検査での評価が難しい場合や検査が適切に実施できない場合は，行動観察による方法が多く用いられる。行動観察では，遊びや食事等の生活場面や学習場面における子供の行動の観察を通して発

達状況や獲得している行動を把握する。自由な活動場面における様子を観察する方法もあれば，一定の条件下で様子を観察する方法もある。

保護者等，日頃からその子供によくかかわっている人から子供の様子を聞き取ることも重要な実態把握である。特に，重度の障害がある子供は「慣れている場所で，なじみの人と，なじみの活動をする」ときに自分のもっている力を発揮することができる場合が多い。学校では全くみせない行動を，自分の家では母親相手によく行っているということもある。また，その子供の行動がどんな意味をもっているか（例えば，まばたきを複数回繰り返すのは YES のサイン等）を保護者等から聞き取ることが，学校でその子供とかかわる際の大事な情報になる。子供の好きなことや得意なこと，興味関心，苦手なこと等の情報も，学習を支援する際の手がかりとなる。さらに，保護者への聞き取りを行う中で，家庭生活の中で抱えている家族の思いや願いなどについても知ることができる。

実態把握により「重複障害のある子供が今もっている力を把握すること」と同時に，「どのような状況や場面で子供がその力を十分に発揮できるのか」について検討することが大切である。「子供は環境との相互作用の中で生活し，学んでいる」という視点を大切にしたい。

（3）重複障害がある子供が学習を進める上での配慮

重複障害がある子供は，外界の情報を得ることや周囲の状況を理解することが難しかったり，身体を動かして確認することが難しかったりする場合が多いため，概念形成に不利な状況がある。このような場合には概念形成の基盤となる学習に時間をかけて丁寧に行う必要がある。

① 実体験を積み上げること

重複障害のある子供は，概念形成の基盤となる実体験が極端に少ない

ことが指摘される。「買い物ごっこ」を楽しむには，実際に店で買い物をする経験が欠かせない。言葉や数などの学習では，抽象的な課題に入る前の段階で実物を用いた体験を多く繰り返すことが大切である。

② 子供にあった情報提示や子供からの発信の方法を工夫すること

重複障害のある子供は，周りの環境から情報を受け取る手段が一人一人異なる。視覚，聴覚，触覚，嗅覚等の感覚の使い方や発達段階を考慮しながら，その子供に分かりやすい情報提示の仕方（活動に使う実物を触る，活動の始まりの音楽を同じにする等）を工夫することが大切である。また，子供が意思を表出する方法も様々である。感覚障害や肢体不自由に配慮しつつ，その子供が発信しやすい方法を工夫する必要がある。

③ 子供が活動の全過程にかかわること

重複障害のある子供は，生活や学習場面において，部分的な情報しか与えられていない状況になりがちである（例えば，「りんご」といえばすりおろしたりんごのことしか知らず，果物としてのりんごの形や木になっている状態を知らない等）。学習場面では，子供が一つの活動の全過程にかかわり（例えば，果物のりんごの色，形，重さ，匂い等を確認してから一緒に切って，すりおろしてみる等），因果関係や構造などを理解できるような指導の工夫が望まれる。

④ 子供が興味・関心のあることを学習につなげること

子供自身が興味・関心があることを学習につなげることで，子供はモチベーション高く学ぶことができる。さらに，興味・関心があることについてすでに子供の中にある概念を，構造化したり整理したりすることが可能になる。例えば，スクールバスが好きな子供であれば，スクールバスを使った算数的（バスの数等），国語的（バスに書かれた文字等），社会科的（バスコースから町の地図等）に学びを発展させることができ

る。「与えられた広い知識をまんべんなく学ぶ」ことが難しい子供にとっては，このように「自分の興味ある一つの事項を深く学ぶ」方法で，生活の中で使える実際的な知識習得や概念形成を行う工夫が考えられる。

⑤　子供が納得するまで学習の時間を十分確保すること

　重複障害のある子供は，断片的な情報を統合して状況を判断するのに時間を要する。分かりやすい情報提示の仕方や，系統立てて学習できるような教材の工夫に加えて，子供が納得するまで，時間を十分に確保することが大切である。

3.　個別の教育支援計画と個別の指導計画

　ここでは，B肢体不自由特別支援学校小学部2年生のAさんを例に，自立活動を主とする教育課程において，個別の教育支援計画，個別の指導計画がどのように作成されているかを紹介したい。Aさんは，8歳の女児で，脳性まひによる重度の肢体不自由，知的障害，視覚障害があり，自分で身体を動かすことや，意思を表出することに大きな制限がある。医療的ケアも必要で，日常生活を送る上で見守りや介助が必要である。

（1）個別の教育支援計画の作成

　個別の教育支援計画は，教育，医療，福祉の連携を図り，長期的な視点で幼児期から学校卒業後まで一貫した支援を行うために作成される計画である。本人及び保護者の願いの実現に向けて，子供にかかわる関係者（保護者・学校・医療・福祉の関係者）をつないだり，必要な指導や支援の手だてをつないだりする役割がある。B特別支援学校では，子供の入学時に，保護者，医療・福祉関係者，学校が連携して個別の教育支

援計画を作成し，3年に一度，見直しを行っている。Aさんの個別の教育支援計画に記された保護者の願いは「将来，Aさんも一緒に家族で旅行を楽しみたい」ということであった。個別の教育支援計画には，Aさんの健康状態の安定をめざしたPTサービス（理学療法士〈PT：Physical Therapist〉が，病気や障害のある人に対して，日常生活に必要な基本動作能力の維持・向上をめざしてリハビリを行うこと）・訪問看護等のかかわりや，Aさんの外泊練習を兼ねたショートステイを定期的に行うこと等が記されていた。また，学校においては，Aさんが意思の表出ができるよう指導・支援することが記されていた。

（2）個別の指導計画の作成

　個別の指導計画は，学校の教育課程やその子供の個別の教育支援計画を踏まえて，子供一人一人の教育的ニーズに対する指導目標や指導内容・方法等をより具体的に盛り込んだ計画である。B特別支援学校では，年度初めに，担任が中心となって実態把握（障害の状態，発達や経験の程度，興味・関心，学習や生活の中でみられる長所，課題，将来の姿等）を行い，保護者や専門職と相談の上で個別の指導計画を作成し，半期ごとに見直しを行っている。個別の指導計画において，Aさんの長期目標は，「生活や学習の中で覚醒して外界に意識を向けることが増える。自分にとって大事なことについて何らかの方法で意思表出できる」と設定され，かかわりの基本姿勢として「健康の増進に努め，心地よいからだの状態が保てるよう支援する。周囲の情報を丁寧に伝える（触覚・聴覚）ことでAさんが分かることを増やす」ことが確認された。**表4-1**はAさんの個別の指導計画の一部である。

表 4-1　A さんの個別の指導計画の一部（筆者作成）

	子供の実態	目標（前期）	具体的な教育活動
小学部２年　　氏名：Ａ　　記入者：Ｂ　　作成日：○年 ○月 ○日			
健康・身体に関すること	・気管切開をしている。常時，呼吸状態の観察と痰の吸引が必要。	・よい呼吸状態で生活・学習できる日を増やす。	・PT や看護師と連携し，毎朝登校後に，身体を緩める，加湿して排痰を促す，等の活動を行う。
	・触覚に過敏があり，突然触れられると全身を緊張させる。触れられることの予測をもてば緊張しない。	・身体に触れられることを予測し，緊張せずに心地よく受け入れる。	・触れる前に必ず声をかけ，同じ手順で接し，予測できるようにする。抱っこで揺れて歌うなど，身体を触られることを心地よく感じる経験を積む。
環境の把握・コミュニケーションに関すること	・明暗は分かっているようだが，聴覚優位である。近づいてきた人や音源に意識を向けていることが表情等から観察される。	・そばに来た人が誰であるかが分かる。	・人について A が分かる手がかりを用いる（触覚的ネームサイン，声，におい等）。
	・言葉かけに対して，まばたきをしたり，舌を出したりする動きが見られることがある。	・まばたきによる意図的な意思表出を促す。	・生活や学習の場面で言葉かけを行い，AのまばたきをYESと捉え，確実にフィードバックをする。

4.　重複障害がある子供の自立と社会参加を支えるために

　自立活動における「自立」とは「児童生徒がそれぞれ障害の状態や発達段階に応じて，主体的に自己の力を限りなく発揮し，よりよく生きていこうとすること」である。最後に，重複障害がある子供の現在と将来の自立と社会参加を支えるために大事にしたい視点について述べる。

（1）タテとヨコの発達の視点

　発達にはタテ方向とヨコ方向の二つの視点があることを意識したい。タテ方向への発達の視点とは「子供が質的に新しい力を獲得する，できることが増えるなど，子供のもつ能力が高度化していく」という視点である。一方，ヨコ方向への発達の視点とは「子供が今もっている力を違う場面で発揮したり，新しい相手との間で発揮したりできることで，子供の生活や人とのかかわりに幅が出てくる」という視点である。ヨコの発達が充実することがタテの発達の前提となる。また，重度の障害がある子供の場合，タテの発達における「新しい力の獲得」等については困難を抱えることが多い。子供が今もっている力で豊かな生活を送るために，ヨコの発達が充実するような支援の視点をもつことも必要である。

（2）環境との相互作用の視点

　発達心理学的なアプローチでは，子供は物的環境，人的環境，あるいはもっと広く文化そのものとの相互作用によって発達していく，という観点が強調される。その子供の発達段階において，どのような物的環境や人的環境が必要かを考えなければならない。10歳の子供であれば，発達水準が3カ月であっても，10年間の生活経験があることを尊重した教育環境の設定は非常に大切である。

（3）「将来の姿」に向けた学びの積み上げの視点

　個別の教育支援計画には，子供や保護者が考える「将来こうなったらいいな」という姿が反映されている。子供や家族がめざす将来の姿・生活をイメージし，そのために育てたい力，身に付けて欲しい力を吟味することが大切である。「現在の姿」から「子供の将来の姿」までの階段を想像した時，個別の指導計画は子供の具体的な学びを積み上げるため

の計画となる。子供一人一人が「よりよく生きる」視点と，特別支援学校に在籍する子供たちに 12 年間でどのような教育内容を，どのくらいの時間をかけて，どのように指導するのかを吟味するカリキュラム・マネジメントの視点の双方が重要である。

（4）家庭・地域での生活を豊かにする視点

　重複障害のある子供の多岐にわたるニーズに応えるためには，保護者との連携，医療や福祉等の専門職との連携が大変重要になってくる。保護者との連携では，エンパメントの視点，すなわち，子育ての主体である保護者がその主体性を発揮できるよう，教師が一緒に子供を育てるパートナーとなる，というイメージをもつことが大切である。一方，専門職との連携では，子供とその家族を中心として，学校関係者を含む専門職同士が支援の輪をつくり，子供と家族の QOL（生活の質）を支える，というイメージをもつことが大切である。

　学校における学びは，学校の中だけにとどまるのではなく，最終的には，それが「子供の家庭や地域での生活を豊かにする」という目的につながることが大変重要である。これらの視点が重複障害がある子供，重い障害がある子供の自立と社会参加を実現することにつながると考える。

第4章 重複障害の理解と支援 | **71**

学習課題

1. 見ること，聞くこと，歩くこと，話すこと等が困難な状態を想定してみよう。また，これらの困難さが複数合わさった場合は，どのように困るか想像してみよう。
2. 重複障害のある子供，重い障害のある子供にとっての「自立と社会参加」とはどのような状態なのか，考えてみよう。

引用・参考文献

菅野和彦「障害の重い子どもの教育の現状と課題」(『特別支援教育研究』，2019年)

国立特別支援教育総合研究所『特別支援教育の基礎・基本2020』ジアース教育新社，2020年

国立特別支援教育総合研究所「ぱれっと」作成チーム『手厚い支援を必要としている子どものための情報パッケージ「ぱれっと（PALETTE)」』ジアース教育新社，2016年

下山直人監修『障害の重い子供のための各教科の授業づくり』ジアース教育新社，2022年

分藤賢之編著『新重複障害教育実践ハンドブック』全国心身障害児福祉財団，2015年

文部科学省初等中等教育局特別支援教育課「特別支援教育資料（令和4年度)」2024年 (https://www.mext.go.jp/a_menu/shotou/tokubetu/material/1406456_00011.htm)

文部科学省初等中等教育局特別支援教育課「令和4年度学校における医療的ケアに関する実態調査結果（概要)」2023年

5 | 発達障害のある幼児児童生徒の
心理・生理・病理

笹森洋樹

《**目標＆ポイント**》 発達障害についてその心理面や病理面等の特徴とそれら
の相互作用並びに二次的な障害について理解し，子供一人一人の状態，感覚
や認知及び行動の特性を観察や検査等を通して実態把握する重要性について
概説する。
《**キーワード**》 発達障害，心理・病理等の特徴，二次障害，実態把握

1. 発達障害の心理面や病理面の特徴

　発達障害に関する医学的な診断については，世界保健機関（WHO）
が作成した分類（ICD-11）及びアメリカ精神医学会が作成した精神疾
患の診断・統計マニュアル（DSM-5-TR）において，神経発達症とし
てまとめられている。知的障害や言語障害などもそのカテゴリーに含ま
れているが，文部科学省では，自閉症，学習障害，注意欠陥多動性障害
を主な発達障害として扱い，知的障害や言語障害とは分けて整理してい
る。本稿では，自閉症，学習障害，注意欠陥多動性障害を主に取り上げ
ていく。

（1） 自閉症の特徴
　自閉症は，「他者との社会的関係の形成の困難さ」「言葉の発達の遅れ
などコミュニケーションの障害」「興味や関心が狭く特定のものにこだ

わること」を特徴とする。相手の気持ちを推し量ることや自分の言動の周りへの影響を把握することに難しさがあり，暗黙の了解や例え話，遠回しの表現など抽象度が高い内容の理解に困難さを抱えている。また，先の見通しをもてないことへの不安が強いため，予想外の出来事が多い学校生活において，大きな不安感を抱えてしまうこともある。その他の特徴として，感覚の過敏性や鈍感性，シングルフォーカス（特定の部分に注意が集中し他に向きにくい），中枢性統合の弱さ（情報を整理・統合して処理することの困難さ）などがみられることもある。これらの症状の背景には，中枢神経系に何らかの機能不全があると推定されている。発生率は女子に比べ男子に多く，その特徴は3歳くらいまでに現れることが多いが，成人期に顕在化することもある。また，知的障害，言語障害，学習障害，注意欠陥多動性障害等の他の発達障害と症状が併存することもある。

（2）学習障害の特徴

　学習障害は，全般的な知的発達に遅れはないが，聞く，話す，読む，書く，計算するまたは推論する能力のうち，特定のものの習得と使用に著しい困難を示す状態をいう。全般的な知的発達に遅れはないが認知能力にアンバランスがある状態を示す障害である。特に，国語や算数等の特定の基礎的な学習の習得に著しい困難さがあるなど，学習能力にアンバランスがあることが特徴である。課題は理解できても，学習の取組に成果を上げることに困難がみられる。できることと難しいことのギャップが大きいことも特徴であり，やる気の問題や努力不足とみられがちである。失敗経験の積み重ねは学習面だけでなく生活面でも自信や意欲の低下を招きやすい。学習障害は，その原因として中枢神経系に何らかの機能障害があると推定されるが，視覚障害，聴覚障害，知的障害，情緒

障害などの障害や，環境的な要因が直接の原因となるものではないとされている。なお，注意欠陥多動性障害や自閉症等の発達障害と症状が併存する場合もある。

（3）注意欠陥多動性障害の特徴

注意欠陥多動性障害は，年齢あるいは発達に不釣り合いな注意力または衝動性・多動性を特徴とする。不注意または多動性－衝動性に関する行動特徴に該当する項目が多く，その状態が少なくとも 6 カ月以上続いている場合に診断される。不注意または多動性－衝動性の症状のうち一つまたは複数が 12 歳になる前に現れ，社会生活や学校生活を営む上で明らかに支障がある。また，不適応の状態は，学校や家庭など複数の場面でみられることも特徴とする。自分の感情や行動をコントロールしきれずに無意識にとった行動が，結果として問題となる行動につながりやすい。早合点やうっかりミス，不注意な誤りによる失敗も多く経験している。また，指示通りに活動できない，ルールや約束が守れないことは，友達関係の維持に影響する。注意や叱責をくり返し受けることは，自己評価や自己肯定感を下げる要因ともなる。統合失調症やその他の精神疾患や環境的な要因が，症状の直接的な原因ではないが，学習障害や自閉症等の他の発達障害と症状が併存する場合もある。

（4）発達障害の気付かれにくさ

① 状態像が変容すること

発達障害の特性は生涯にわたるが，成長に伴い変容する場合もあり，他の発達障害の症状と重なる場合もある。幼少期に目立たなかった症状が児童期以降にみられ，診断が変わったり加えられたりすることもある。症状が目立たなくなる場合もある。そのため，診断名だけでは特性

を理解できない面もあり，どのような場面でどのような行動が多くみられるのか，個々の子供の特性として理解することが重要になる。

② 知的発達に明らかな遅れがみられないこと

発達障害のある子供の多くは，知的な能力の明らかな遅れや身体機能の障害がみられない場合が多い。学業成績も良好な者もいる。一見，他の子供たちと同じように学校生活が送れているようにみえるが，困っていることに本人も周りも気付かず，見逃されてしまう場合も多い。

③ 誰にでもあるアンバランスさ

学習や課題の取組がとても困難なものもあれば，他の子供と同様に，あるいはそれ以上にうまく取り組めているものもあるため，能力的な遅れや偏りとして判断することが難しい。苦手なことは誰にでもあること，意欲の問題，努力不足，甘えやわがままなどと捉えられやすく，発達にアンバランスがあるという見方ができにくい面がある。

④ 環境や人間関係によるフォロー

学校は1日の生活のリズムや生活習慣が決まっている。決められた日課に従い，授業で示された課題をある程度こなしていく能力があれば，多少の学習面や行動面，対人関係，コミュニケーション上の困難さは，本人とかかわりのある限られた人間関係の中では，個性の一つとして受け止められてしまう可能性もある。

⑤ 二次的な障害の状態の有無

つまずきや失敗がくり返され，学校生活に対する苦手意識や挫折感が高まると，心のバランスを失い，精神的に不安定になり，暴力行為や不登校，不安障害など様々な身体症状や精神症状が出てしまうことがある。いわゆる二次的な障害である。これらの二次的な障害の要因が発達障害の特性にあるとは気付かずに，目先の現象への対応のみに陥ってしまうことも多い。

2. 発達障害の特性に応じた指導・支援の考え方

（1）発達障害が抱える課題

　発達障害のある児童生徒は，全体を把握する力が弱く，部分的・個別的なものに強く反応しやすい，相互性のある多様で柔軟な対人関係形成能力や外界との関係形成能力が弱い，衝動的な反応が多く，感情的・情緒的な反応が弱いなどの困難さを抱えている。場面状況に応じた言動も苦手であるため，いじめや疎外経験を味わうことも多い。自分の気持ちを言葉で表現できない，語彙が少なく表現が拙い，1対1でないと話せない，相互性のある会話にならない等，コミュニケーション能力の弱さは，支え合う仲間としての友達関係を構築していく時期においても，大人との1対1の関係を必要とする。ストレスへの対処，困難さに対する耐性の弱さも課題となる。失敗を成功に変えていく経験の不足は，失敗に対する過敏さ，気持ちの切り替えの拙さ，全面的な自己否定の考え方にもつながる。

　本来の障害特性により引き起こされる学習面や生活面，行動面や対人関係の面における様々なつまずきや失敗経験が積み重なり，教師や友達からの無理強い等，不適切な対応がくり返されると，精神的ストレスや不安感が高まり，自信や意欲の喪失，自己評価や自尊感情の低下などからさらなる適応困難の状態，例えば不登校やひきこもり，あるいは反抗的な態度や反社会的行動等の症状につながることもある。発達障害のある児童生徒の学校生活におけるこれらの不適応の問題は，本来の障害特性である一次障害によるものだけでなく，適切な指導や必要な支援がなされないことによる二次的な障害によるものも多い。

　一般的に多くの子供たちは，身近な大人との関係や友達関係の中で，あるいは様々な自分の経験を通して，課題に対する自己解決能力を高め

第5章　発達障害のある幼児児童生徒の心理・生理・病理 | 77

ていく。しかし，発達障害のある子供の場合には，不安や悩みを身近な人に伝えて理解してもらうことや課題解決のために援助を求めること，過去の経験に照らして自分なりの工夫をしてみること等がうまくできないこともあるため，自己解決能力が育ちにくい。発達障害のある子供に限らず，集団でうまく適応できていない子供の中には，こうした課題を共通に抱えている場合も多いと思われる。

（2）適応の困難さについて

　学校不適応の背景には，個人が抱える課題と学習環境に関する課題の両面が影響する。個人が抱える課題は，例えば，言語理解・表現力の弱さ，不注意・集中困難，学習意欲の欠如，興味関心の偏りなどが考えられる。発達障害等の特性が起因している場合もあれば，虐待等の家庭環境の問題，性格特性等が影響する場合もある。学習環境に関する課題は，教師の配慮なき指導，一貫性のない対応，いじめやからかい，落ち着きのない学級，分かりにくい授業など安心して学習に取り組みにくい環境から生じるものである。支援は個人への対応だけでなく，学級全体への支援も含めて考える必要がある。個別的な支援を必要とする児童生徒は学級に一人，二人にとどまらない。特定の児童生徒への対応に時間も労力も費やすことで，ちょっとした配慮を必要とする児童生徒への対応が疎かになると，学級全体が落ち着かなくなる。児童生徒一人一人が授業の内容を理解できること，学習活動で達成感や成就感が得られること，支え合う認め合う人間関係があること，自分の役割が果たせていること等の視点から学級全体の支援を考えることが大切である。

　学校生活においては，全ての児童生徒が一斉指示のもと集団活動に参加することが求められる。集団から外れてしまう児童生徒に対しても，教師が参加を促すかかわりが日常的に行われる。教師の言葉かけやかか

わりは，児童生徒同士の言葉かけやかかわりのモデルにもなる。学校に
おいては，発達障害がある児童生徒に対しても，「一人だけ特別扱いは
できない，まわりの児童生徒が我慢している」「社会に出ればさらに厳
しい，学校で甘やかしては社会で自立できない」等と従来の集団規範や
規律が最優先された生徒指導が行われる状況がまだみられる。自己解決
能力が弱い発達障害のある児童生徒は，こうした対応により不安感や緊
張感が高まり，自己否定，ネガティブな記憶がフラッシュバックする
等，さらなる不適応行動につながってしまう場合も少なくない。特別な
教育的支援の必要な児童生徒への個別的な対応は集団に対する支援とつ
ながっている。発達障害の特性のある児童生徒の適応の困難さには，
個々の抱える課題だけでなく，環境や教師，友達との人間関係なども大
きく影響している。不適応状態にある小さなサインを見逃さず，早めに
気付き支援につなげることが大切である。

（3）学習面，行動面，対人関係等の指導

　学校生活において学習面のつまずきは適応状態に大きなウエイトを占
める。学習面のつまずきへの対応は，誰もが分かる学びやすい配慮から
始めることが基本だが，学習面につまずきのある児童生徒への対応は，
「できていないこと」「取り組めていないこと」に焦点が当たりがちにな
る。苦手なことにも意欲を高めていくためには，「できていること」を
認め，「得意な面」を利用して指導・支援を行うことが大切になる。学
習面につまずきのある児童生徒は，失敗経験を多く経験しており，意欲
や自信を失い，自己評価が低くなっている場合が多い。学年進行ととも
に学習内容が難しくなればハードルはさらに高くなる。児童生徒の実態
に合わせた分かりやすい授業は，教師と児童生徒の信頼関係を生み，安
心できる居心地のよい教育環境をつくっていく。授業が分かれば達成感

や成就感を得ることができ，児童生徒の学習への意欲と学力の向上につながっていく。学び方の特性は一人一人違い，全ての児童生徒に分かりやすい授業というものが一律にあるわけではない。学級の実態や児童生徒の特性に応じて随時修正していくことが，誰もが分かる授業づくりにつながっていく。特に個別的な配慮や支援を行う際には，児童生徒のプライド，自尊感情に配慮する必要がある。配慮や支援のための特別扱いが，逆に心の痛手にならないように，本人と十分に話し合い，納得の上で進めることが大切になる。そのためには，指導や支援の手立てについて教員間で共通理解を図り，決して焦らずに，本人が落ち着いて前向きに学習に参加できる方法を共有化していくことが望まれる。

　行動面については，注意や叱責だけでは改善は難しいということが前提になる。適切でない行動を減らすためには，適切な行動をいかに増やしていくかという視点で，適切な行動の取り方を具体的に教えていく。児童生徒の行動には必ず意味や意図があることから，起きている行動だけに注目しないで，きっかけになることや行動後の結果など，前後関係を通して要因を分析し対応を考えるようにする。失敗を指摘して修正させるという対応ではなく，成功により成就感や達成感が得られる経験を積むこと，そして，それを認めてくれる望ましい人間関係が周囲にあることが重要になる。

　対人関係への配慮も重要である。周囲からの何気ない一言が心を傷つけ不適応につながる場合もある。障害の特性に関する基本的な理解は，他の児童生徒や保護者にも進めていく必要があるが，その際は，障害であることを伝えるのではなく，障害による困難さや行動の特徴を伝え，対応の仕方についての理解を図ることが重要である。児童生徒の言葉遣いや態度の荒さ等が気になる場合には，学校全体で取り組むべき課題として，集団づくり，仲間づくり等の人間関係を学ぶ指導を積極的に取り

入れていく必要がある。

3. 二次的な障害への対応

（1）発達障害と二次的な障害

　発達障害のある子供には様々な特性があり，それによって引き起こされる生活面や学習面，対人関係などの問題は一次的な障害である。一方で，特性に起因して子供が受ける過剰なストレスなどから起こる二次的な問題が二次的な障害である。つまずきや失敗経験が積み重なり，自己肯定感が低下して引き起こされる。さらに，困難なことや苦手なことに対して無理強いなどの不適切な対応がくり返されると，精神的ストレスや不安感が高まり，適応状態の悪化につながる可能性が大きくなる。心理的な要因や社会的な要因による二次的な障害である。

　二次的な障害が起こりやすい時期は2回あるといわれている。1回目は小学校に就学したときである。保育所や幼稚園等の体験的指導は，小学校では集団による一斉の教科指導に変わり，教科書と黒板を中心とした授業が毎日違う時間割で行われる。先生がいつも自分のそばにいてくれるわけではない。チャイムを合図として集団生活のルールに従って生活することが求められる。これまでとは違う大きな環境の変化である。

　2回目は小学校高学年くらいから始まる思春期である。子供から大人への移行期であり，親からの精神的な自立に向けて悩む時期である。身体的な変化や環境の変化，発達的な変化などそれまでとは違う様々な心身に及ぼす変化が，様々な葛藤を生む時期であり，非行や暴力行為，いじめ，不登校などの学校における問題も増えてくる。

（2）二次的な障害の症状

　二次的な障害は，身体面，精神面，行動面などの症状として現れる。

身体面の症状としては，頭痛や腹痛，食欲不振，不眠などの心身症や自律神経症状などがある。精神面の症状としては，うつ症状や不安障害，無気力などがある。また，行動面の症状として，反抗や暴力，非行，不登校やひきこもりなどが生じる可能性がある。幼児期から学童期にかけては，愛着障害や分離不安障害，反抗，不登校などがみられることが多く，思春期になると，不安障害やうつ病，心身症，反抗や非行，反社会的行動，不登校やひきこもりにつながる場合もある。二次的な障害は，極端な反抗，暴力，家出，反社会的犯罪行為など行動上の問題として，他者に向けて表現する「外在化障害」と，不安，気分の落ち込み，強迫，対人恐怖，ひきこもりなど情緒的問題として，自己の内的な苦痛が生じる「内在化障害」に分けられる。これらの症状は，発達障害の有無にかかわらず誰にでも起こりうることであり，障害が背景にあることに気付かれにくく，理解が得られにくい面がある。発達障害は生まれつきの脳の機能障害であり，特性と環境がうまく適合しないと様々な困難さが生じる障害であることを理解し，人間関係も含めた環境調整について十分に配慮する必要がある。

（3）二次的な障害への対応

　発達障害のある子供の場合には，不安や悩みを身近な人に伝えて理解してもらう，課題解決のために援助を求める，経験に照らして自分なりの工夫をしてみることなどがうまくできないこともあるため，自己解決能力が育ちにくい。本人の努力だけでは問題解決が難しいという前提で具体的な対応策を考えていくようにする。

　二次的な障害の予防的対応では，まず子供が不適応状態にあるという小さなサインに気付くことである。問題となる行動はすぐに除去すべきという発想だけでなく，本人が取らざるをえない表現方法の一つという

捉えも大切である。心身のバランスの状態を考え，様子をみるか，軽減を図るか，取り除くかを検討していく。ストレス，不安感の高まり，自信や意欲の減退，自己肯定感の低下など，二次的な障害を起こしている子供の心情を理解する。そして，その背景には，やる気の問題や努力不足と捉えることによる無理強い，注意や叱責の繰り返しなどにより，失敗経験やつまずきの積み重なりにつながっていないか，保護者や教師，友人など周囲の者のかかわりを振り返ってみることが大切である。できないことをできるようにしたいという思いが，無理強いのリスクになる危険性もある。苦手なことはすぐにできるようにはならないことから，できているところを認めることで自己肯定感につなげていくことに配慮したい。日頃から子供自身が抱えている悩みや課題について真摯に受け止め，いつでも相談できる人や場所を身近な場所に確保することがとても重要になる。

4. 実態把握の重要性

　個別の指導計画に基づいた指導の実践は，実態把握から始まり，指導目標の設定，指導計画・指導内容の選定，指導の実践と指導の評価，そして指導計画等の見直し・修正までの Plan［計画］→ Do［実行］→ Check［評価］→ Action［改善］（PDCA サイクル）を繰り返すことで，適切な指導の充実を図っていくことが望まれる。

　実態把握の方法としては，行動観察，心理アセスメント，発達アセスメント，学力アセスメント，行動アセスメント，社会性アセスメントなどがある。なお，検査等によるアセスメントの実施には，個人情報の取扱いなど倫理面の配慮を十分にしておく必要がある。

　アセスメントの基本は行動観察である。子供を直接指導している教員による気付きが重要となる。授業に取り組む態度や学習内容の定着の状

況などから，子供に生じている困難さに気付くことができるように，日頃からアンテナを高くしておく。次に，その子供が，どのような場面で困っているのかを観察する。授業中に不適応行動がみられる場合には，その行動の要因となっていることは何か，また，その行動の結果，本人に何がもたらされたかといった視点で観察し，情報を集める。学習内容の定着に問題がある場合には，うまくいっていない教科や学習内容を探るほか，読むことや書くこと，言葉や文字で表現すること，計算すること，推論することといった学習に必要とされる要素の状況を観察する。行動観察では，どうしてもうまく取り組めていないことに注目しがちであるが，集団の中でも取り組めていることや担任等や友達の配慮や支援により取り組めていること，あと少しの支援があれば取り組めそうなことなどにも注目する必要がある。

　このようにして得られた情報を分析して実態把握を進めていくこととなるが，1人の教員だけで行おうとした場合，十分な情報が得られなかったり，情報の読取りが偏ってしまったりすることがあることから，幼稚園，小学校，中学校，高等学校等において，発達障害を含む障害のある幼児児童生徒への支援を全校的な体制で取り組むために設置された「校内委員会」を利用するなどして，できるだけ複数の教職員で観察，情報収集，情報の分析を行うことが重要となる。その際，校内に専門性のある教員がいない場合には，地域の幼稚園や小，中，高等学校を支援するために中核的な役割を担う特別支援学校のセンター的機能（第15章参照）を活用するなどして，専門性を確保することが必要である。

　また，特別支援学校，通級指導教室などの教育資源や医療・福祉関係機関と連携して，例えば心理検査等を用いたアセスメントを実施するなど，専門的な見地からの実態把握を行うことも考えられる。子供の特性をより詳細に把握することで，科学的な根拠に基づいた適切な指導や必

要な支援を検討することができるようになる。

学習課題

1. 発達障害の心理面や病理面等の特徴と二次的な障害について理解し，指導や支援の在り方を考えてみよう。
2. 行動の特性を観察や検査等を通して実態把握する重要性について，考えてみよう。

引用文献

文部科学省『障害のある子供の教育支援の手引～子供たち一人一人の教育的ニーズを踏まえた学びの充実に向けて～』ジアース教育新社，2022 年
高橋三郎，大野裕監訳『DSM-5 精神疾患の診断・統計マニュアル』医学書院，2014 年
国立特別支援教育総合研究所『特別支援教育の基礎・基本 2020』ジアース教育新社，2020 年

参考文献

宮尾益知『発達障害の"二次障害"を理解する本』河出書房新社，2020 年
齊藤万比古『発達障害が引き起こす二次障害へのケアとサポート』Gakken，2009 年

6 | 学習障害の理解と支援

笹森洋樹

《**目標＆ポイント**》 学習障害の状態や特性について触れながら，学習上の「困難さ」に対する個に応じた「手立て」を検討し指導する重要性と，自立活動における個別の指導計画の作成・活用について理解し，その教育的支援の基本について概説する。

《**キーワード**》 学習障害，学習上の困難さ，個別の指導計画，教育的支援

1. 学習障害とは

学習障害には，教育的な立場での LD（Learning Disabilities）と医学的な立場での LD（Learning Disorders）の二つの考え方がある。教育の立場では以下の文部科学省の定義にある通り，全般的な知的発達に遅れはないものの読んだり書いたり，推論したりする力など学習面での広い能力の障害を指し，医学的 LD は，読み書きの特異的な障害，計算能力など算数技能の獲得における特異的な障害を指している。本稿では，いずれも「学習障害」と表記する。

（1）教育における定義

文部科学省では「学習障害児に対する指導について（報告）」（学習障害及びこれに類似する学習上の困難を有する児童生徒の指導方法に関する調査研究協力者会議，平成 11 年）において，「学習障害とは，基本的には全般的な知的発達に遅れはないが，聞く，話す，読む，書く，計算

する又は推論する能力のうち特定のものの習得と使用に著しい困難を示す様々な状態を指すものである。学習障害は、その原因として、中枢神経系に何らかの機能障害があると推定されるが、視覚障害、聴覚障害、知的障害、情緒障害などの障害や、環境的な要因が直接の原因となるものではない」と定義している。

「障害のある子供の教育支援の手引～子供たち一人一人の教育的ニーズを踏まえた学びの充実に向けて～」（文部科学省、令和3年）では、「学習障害とは、全般的に知的発達に遅れはないが、聞く、話す、読む、書く、計算する又は推論するといった学習に必要な基礎的な能力のうち、一つないし複数の特定の能力についてなかなか習得できなかったり、うまく発揮することができなかったりすることによって、学習上、様々な困難に直面している状態をいう」と示されている。

（2）医学的診断基準

ここでは、アメリカ精神医学会が作成した精神疾患の診断・統計マニュアル（DSM-5-TR）における限局性学習症（Specific Learning Disorder）の診断基準について記載する。

A．学習や学業的技能の使用に困難があり、その困難を対象とした介入が提供されているにもかかわらず、以下の症状の少なくとも1つ以上が存在し、少なくとも6カ月間持続していることで明らかになる。

 (1) 不的確または速度が遅く、努力を要する読字（例：単語を間違ってまたはゆっくりとためらいがちに音読する、しばしば言葉を当てずっぽうに言う、言葉を発音することの困難さをもつ）

(2) 読んでいるものの意味を理解することの困難さ（例：文章を正確に読む場合があるが，読んでいるもののつながり，関係，意味するもの，またはより深い意味を理解していないかもしれない）

(3) 綴字の困難さ（例：母音や子音を付け加えたり，入れ忘れたり，置き換えたりするかもしれない）

(4) 書字表出の困難さ（例：文章の中で複数の文法または句読点の間違いをする，段落のまとめ方が下手，思考の書字表出に明確さがない）

(5) 数字の概念，数値，または計算を習得することの困難さ（例：数字，その大小，および関係の理解に乏しい，1桁の足し算を行うのに同級生がやるように数字的事実を思い浮かべるのではなく指を折って数える，算術計算の途中で迷ってしまい方法を変更するかもしれない）

(6) 数学的推論の困難さ（例：定量的問題を解くために，数学的概念，数学的事実，または数学的方法を適用することが非常に困難である）

B．欠陥のある学業的技能は，その人の暦年齢に期待されるよりも，著明にかつ定量的に低く，学業または職業遂行能力，または日常生活活動に意味のある障害を引き起こしており，個別施行の標準化された到達尺度および総合的な臨床評価で確認されている。17歳以上の人においては，確認された学習困難の経歴は標準化された評価の代わりにしてもよいかもしれない。

C．学習困難は学齢期に始まるが，欠陥のある学業的技能に対する要求が，その人の限られた能力を超えるまでは完全には明らかにはならないかもしれない（例：時間制限のある試験，厳しい締め

切り期限内に長く複雑な報告書を読んだり書いたりすること，過度に重い学業的負荷）。

D．学習困難は知的能力障害群，非矯正視力または聴力，他の精神または神経疾患，心理社会的逆境，学業的指導に用いる言語の習熟度不足，または不適切な教育的指導によってはうまく説明されない。

2. 「学習障害」の障害の状態等の実態把握

　実態把握は，障害の有無を判断するためではなく，学習面や行動面において特別な教育的支援が必要かどうかを検討するために行う。学級担任等の子供の困難さへの気付きが重要になる。子供の実態を把握した上で，学級担任や教科担任が指導の工夫や配慮を行っても学習状況に改善がみられない場合は，学年や学校全体での話し合いにつなげていくようにする。校内委員会等において，担任等の気付きや子供の実態を整理し，本人や保護者，専門家からの意見も参考にしながら，総合的に実態把握を行う。実態把握では，児童生徒の抱える課題点や困難な点ばかりに焦点を当てるのではなく，現状でできていることや少しの支援により達成可能なことなどにも注目し，また，障害に対する特定の内容に偏ることがないように全体像を捉えることが大切である。

　学習障害の実態把握については以下のことを踏まえておく。

・学習障害は，全般的な知的発達に遅れはないが，聞く，話す，読む，書く，計算するまたは推論する能力のうち，特定のものの習得と使用に著しい困難を示す状態をいう。

・全般的な知的発達に遅れはないが認知能力にアンバランスがある。

・国語や算数等の特定の基礎的な学習の習得に著しい困難さがあるな

ど，学習能力にアンバランスがある。ただし，基礎的な学習の習得の遅れが全般的な遅れにつながっている場合もあるので判断は慎重に行う。

・学習障害を生じさせる可能性のある疾患等が認められるかどうか，中枢神経系の機能不全を疑う所見が認められるかどうか等，必要に応じて主治医や専門医，医療機関に医学的評価を依頼する。

・他の障害や精神疾患，養育環境や不適切な教育的指導が学習困難の直接的な原因ではない。

・注意欠陥多動性障害や自閉症等の発達障害と併存する場合もある。

3. 学習障害のある子供の特性の理解

（1）学習障害の基本的特性

① 聞く能力

聞き間違いや聞きもらしがある，指示を理解して活動できないなど，他者の話を聞き取って正しく理解することが難しい。

② 話す能力

思いつくままに話す，言葉につまったりするなど，思っていることを相手に分かりやすく筋道を立てて伝えることが難しい。

③ 読む能力

読み間違いをする，音読が遅い，文字や単語をぬかして読む，文末を勝手に読みかえてしまうなど，文章を正しく読み，理解することが難しい。

④ 書く能力

文字の形や大きさが整っていない，漢字の細かい部分を書き間違える，文法的な誤りが多いなど，文字や文章を正しく書くことが難しい。

⑤　計算する能力

　簡単な計算ミスが多い，位取りの誤りが多い，暗算や筆算を正確にできないなど，計算のルールを理解し正確に行うことが難しい。

⑥　推論する能力

　算数の応用問題が解けない，図形やグラフが読み取れない，事実から結果を推測することや因果関係を理解して説明することが難しい。

（2）学習障害の特性の理解

①　気付かれにくい障害である

　学習障害の特性のある子供は，全般的な知的発達には遅れはないものの，聞く，話す，読む，書く，計算するまたは推論する能力のうち特定のものの習得と使用に著しい困難を示す。課題について頭では理解できても，実際に読んだり，書いたり，計算したりすることにうまく取り組めないことが多い。できることとうまく取り組めないことのアンバランスが大きいのが特性である。「発表はよくできるのに簡単な文章が書けない」「見ればできるのに聞いただけでは活動できない」などは，その理由が理解され難く，意欲の問題，努力不足と捉えられ，困難さの背景に学習障害があることに気付かれにくい面がある。

②　他の障害と併存する場合が多い

　学習障害は，中枢神経系に何らかの機能不全があると推定されており，注意欠陥多動性障害や自閉症の症状を併せ有する場合もある。その程度や重複の状態は様々であることから，診断名や障害名から検討するのではなく，個々の教育的ニーズに応じて対応を考える必要がある。

③　二次的な障害へつながる可能性がある

　学習の困難さの原因を，意欲の問題，努力不足と捉えられやすく，「できるはず」と難しいことを何度も無理強いされ，失敗経験を積み重

ねることになることも多い。それが繰り返されるとストレスや不安感が高まり，自信や意欲を失っていくとともに自己評価なども下がっていく可能性がある。その結果，うつ病や不安障害，不登校，ひきこもりなどの二次的な障害を引き起こしてしまう場合もある。

4. 学習障害のある子供の困難さに応じた指導・支援

（1）認知特性に配慮した対応

　学習障害のある子供は，学習の全般に困難さがあるわけではなく，特定の領域につまずきや遅れがみられるというアンバランスさがある。学習障害は，中枢神経系の何らかの機能障害があると推定されており，そのために情報処理の認知過程がうまく機能しないため，学習面につまずきや遅れが生じると考えられている。

　学習障害のある子供の中には，見て理解すること（視覚的な情報処理）は得意でも，聞いて理解すること（聴覚的な情報処理）が苦手な子供がいる。一方で，その逆の傾向を示す子供もいる。記憶する能力や注意の問題，学習意欲などが学習の困難さにつながっている場合もある。

　また，授業における活動の見通し，学習のねらい，指示や教示の仕方，板書，教材教具などの指導内容や指導方法が子供の認知特性に合わない場合に，学習の取組に困難さが生じる可能性も少なくない。

　学習障害のある子供の指導については，学習のつまずきや遅れの背景にある認知特性を把握し，個の特性に応じた学習方法を検討することが重要になる。

（2）二次的な障害への対応

　学習障害のある子供は，学習面に対するつまずきが学力面に影響を及ぼし，思うような成績が上げられず，自信や意欲を失ったりストレスを

抱え心理的に不安定になったりすることも少なくない。その結果，様々な二次的な障害を引き起こしてしまう可能性もあることは既に述べたとおりである。子供の困難さに対応した指導や支援とともに，子供の得意なところや意欲的に取り組んでいるところ，努力しているところを把握し，こまめにほめたりするなど肯定的な評価を意図的に行い，本人の努力や達成状況を認めていくなど，二次的な障害を予防することを意識した対応も大切である。

5. 学習障害のある児童生徒の学びの場

（1） 通常の学級における指導

　通常の学級においては，小中学校等で編成される教育課程に基づいて，各教科等の指導を学級集団において，一斉指導により学習活動を行うことが基本である。余分な掲示物がなく整頓された教室は，集中しやすく落ち着いて学びやすい。板書を分かりやすく書いたり，ノートテイクの時間を十分に確保したりすることは，読み書きの困難さへの大きな支援になる。扱いやすい教材の工夫は学習意欲につながる。児童生徒の実態に合わせた分かりやすい授業展開は，教師と児童生徒との信頼関係を生み，安心できる居心地のよい学習環境となる。どの児童生徒にとっても分かりやすいユニバーサルデザインの視点で，教師が互いに授業を見合い，気付いたことを話し合い，授業の改善をめざすことが通常の学級における指導の基本である。

　学習障害のある児童生徒が各教科等を学ぶ場合，学級全体と障害による困難さに対する指導上の工夫や個に応じた手立てが必要となる。通常の学級で必要な指導上の工夫や個に応じた手立て等として，文部科学省「障害のある子供の教育支援の手引～子供たち一人一人の教育的ニーズを踏まえた学びの充実に向けて～」（令和3年）には，以下のような例

が挙げられている。

・文章を目で追いながら音読することが苦手な場合には，自分がどこを
　読むのかが分かるように拡大コピーを用意したり，読む部分だけが見
　える自助具（スリット等）を活用したり読んでいる部分を指で押さえ
　ることを認めたりするなどの配慮を行う。

・資料の中から必要な情報を見つけ出したり読み取ったりすることが苦
　手な場合には，必要な部分を拡大したり，見る範囲を限定して注目す
　る部分を示したりするなどの配慮を行う。

・読み書きに困難がある場合には，板書だけで説明するのではなく，必
　ず読み上げて分かりやすく説明したり，ノートに写すべき部分を色分
　けしたりするなどの配慮を行う。また，タブレット端末等のICT機
　器を使用し，音声教材を活用したり板書されたものを写したり，パソ
　コン入力による板書を行ったりするなどの工夫を行う。

・聞いて理解することが苦手な場合には，図やモデルなど視覚的な情報
　を活用するなどの工夫を行う。

・空間図形のもつ性質を理解することが苦手な場合には，空間における
　直線や平面の位置関係をイメージできるように，立体模型を準備し言
　葉で特徴を説明したり，見取り図や展開図と見比べて位置関係を把握
　したりするなどの工夫を行う。

・計算が苦手な場合には，練習問題の量を調節したり，計算の意味を図
　や絵を提示して分かりやすく説明したりするなどの工夫を行う。

（2）通級による指導（学習障害）

　通級による指導とは，小学校，中学校，高等学校の通常の学級に在籍
する言語障害，情緒障害，弱視，難聴などの障害がある児童生徒のう
ち，比較的軽度の障害がある児童生徒に対して，各教科等の指導は主と

して通常の学級で行いつつ，個々の障害の状態に応じた特別の指導を通級指導教室のような特別の指導の場で行う教育形態である。

　通級による指導（学習障害）の対象となる障害の程度は以下のようになっている。

全般的な知的発達に遅れはないが，聞く，話す，読む，書く，計算する又は推論する能力のうち特定のものの習得と使用に著しい困難を示すもので，一部特別な指導を必要とする程度のもの

　　　　　　（平成 25 年 10 月 4 日付け文部科学省初等中等教育局長通知）

　学習障害のある児童生徒の指導は，通常の学級における安心できる居心地のよい学習環境や，誰もが分かりやすい授業づくりを基盤として，学級全体と障害による困難さに対する指導上の工夫や個に応じた手立て，合理的配慮の提供が前提となる。

　学習障害のある児童生徒の中には，例えば，書くことに対する困難さに対して，板書すべき部分を色分けして分かりやすく示したり，拡大したプリントを準備して活用できるようにしたりすることなどの配慮を行うだけでは，時間内に書き終えることができない場合がある。そのため，自分の得意・不得意などの特性を理解し，得意な学習の方法や自分に適した学習の方法について認識するとともに，ICT 機器などの代替手段等の選択や使用ができる力を育成する指導や，自分で学習環境を整えていくことができるような指導を行ったりするなど，一部特別な指導が必要となると考えられる。このような場合には，障害による学習上又は生活上の困難を主体的に改善・克服するために必要な知識，技能，態度及び習慣を養う自立活動の指導を通級指導教室で行うことを検討することになる。

第6章　学習障害の理解と支援　|　**95**

　文部科学省「改訂第3版　障害に応じた通級による指導の手引　解説とQ&A」（平成30年）には，学習障害の指導内容について以下のような例が示されている。

　なお，これらの指導は，自立活動の指導として個別の指導計画を作成，活用して行うことになる。

【聞くことの指導】

　教師の指示をしっかり聞いて理解することが苦手な場合には，興味，関心のある題材等を活用して，できるだけ注意を持続させたり，音量に配慮したりして，注意深く話を聞くことの必要性を理解させるなどして，態度や習慣を身に付けさせる指導等がある。

【話すことの指導】

　自分の話したい内容をしっかり伝えることが苦手な場合には，あらかじめ話したいことをメモしておくなどの工夫をして，書かれたものを見ながら自信を持って話をするなど，自分に適した方法を理解させ，身に付けさせる指導等がある。

【読むことの指導】

　文章を読み上げることや内容を理解することが苦手な場合には，書いてある文字の音や意味を素早く思い出しながら音読したり，細かな違いの見極めが難しいときに漢字やアルファベットを大きく表したりするなどして，自分に適した方法を理解させ，身につけさせる指導等がある。また，内容の理解においては，指示語の理解を図る指導や書かれた事実を正確に捉えたり，図解して主題や要点を捉えたりするなどして，自分に適した方法を理解させ，身に付けさせる指導等がある。

【書くことの指導】

　文字を正確に書き取ることが苦手な場合には，間違えやすい漢字やアルファベットを例示するなどして，本人に意識させながら正確に書いた

り，経験を思い出しながらメモし，それを見ながら文章を書いたり，読み手や目的を明確にして書いたりするなどして，自分に適した方法を理解させ，身に付けさせる指導等がある。

【計算することの指導】

暗算や筆算をすることや数の概念を理解することが苦手な場合には，身近な事象をもとに，数概念を形成するための指導として，数概念を確認しながら計算力を高めたり文章の内容を図示したりするなどしてその意味を理解させながら文章題を解いたりするなどして，自分に適した方法を理解させ，身に付けさせる指導等がある。

【推論することの指導】

事実から結果を予測したり，結果から原因を推測したりすることが苦手な場合には，図形を弁別する指導や空間操作能力を育てる指導，算数や数学で使われる用語（左右，幅，奥行き等）を理解させる指導，位置関係を理解させる指導等を通して，推論するために自分に適した方法を理解させ，身に付けさせる指導等がある。

これらのほかにも，社会的技能や対人関係にかかわる困難を改善・克服するための指導として，ソーシャルスキルやライフスキルに関する内容などがある。その際には，小集団指導（グループ指導）を活用することも有効である。さらに，障害の理解を図り，自分が得意なこと・不得意なことを児童生徒に自覚させる指導も大切である。

なお，学習障害のある児童生徒の場合，注意欠陥多動性障害や自閉症の障害の特性を併せ有する場合もあり，子供の教育的ニーズに応じた指導内容を検討することが大切である。

第 6 章　学習障害の理解と支援　｜　**97**

学習課題

1. 学習障害のある子供の特性を理解し，認知特性に応じた個別的な指導と，誰もが分かりやすい授業づくりの両面が重要であることを考えてみよう。
2. 学習障害のある子供の二次的な障害についての理解を深め，その予防的な支援について考えてみよう。

引用文献

学習障害及びこれに類似する学習上の困難を有する児童生徒の指導方法に関する調査研究協力者会議「学習障害児に対する指導について（報告）」1999 年

文部科学省『障害のある子供の教育支援の手引～子供たち一人一人の教育的ニーズを踏まえた学びの充実に向けて～』ジアース教育新社，2022 年

高橋三郎，大野裕監訳『DSM-5-TR 精神疾患の分類と診断の手引』医学書院，2023 年

国立特別支援教育総合研究所『特別支援教育の基礎・基本 2020』ジアース教育新社，2020 年

文部科学省編著「改訂第 3 版　障害に応じた通級による指導の手引　解説と Q&A」海文堂，2018 年

参考文献

国立特別支援教育総合研究所『改訂新版 LD・ADHD・高機能自閉症の子どもの指導ガイド』東洋館出版社，2013 年

玉井浩編集『医療スタッフのための LD 診療・支援入門改訂第 2 版』診断と治療社，2022 年

7 | 注意欠陥多動性障害の理解と支援

笹森洋樹

《**目標＆ポイント**》 注意欠陥多動性障害の状態や特性について触れ，学習上の「困難さ」に対する個に応じた「手立て」を検討し指導することの重要性と，自立活動における個別の指導計画の作成・活用について理解し，その教育的支援の基本について概説する。

《**キーワード**》 注意欠陥多動性障害，学習上の困難さ，個別の指導計画，教育的支援

1. 注意欠陥多動性障害とは

　注意欠陥多動性障害の医学的な診断については，世界保健機関（WHO）が作成した分類（ICD-11）及びアメリカ精神医学会が作成した精神疾患の診断・統計マニュアル第5版（DSM-5-TR）において，「注意欠如多動症」の用語が使用されているが，文部科学省では「注意欠陥多動性障害」が使われているため，本稿では「注意欠陥多動性障害」を用いることとする。

（1）教育における定義

　文部科学省では，「今後の特別支援教育の在り方について（最終報告）」（平成15年）において，「ADHD（注意欠陥多動性障害）とは，年齢あるいは発達に不釣り合いな注意力，及び／又は衝動性，多動性を特徴とする行動の障害で，社会的な活動や学業の機能に支障をきたすものであ

る。また，7歳以前に現れ，その状態が継続し，中枢神経系に何らかの要因による機能不全があると推定される」と定義している。

「障害のある子供の教育支援の手引～子供たち一人一人の教育的ニーズを踏まえた学びの充実に向けて～」（文部科学省，令和3年）では，「注意欠陥多動性障害とは，身の回りの特定のものに意識を集中させる脳の働きである注意力に様々な問題があり，又は，衝動的で落ち着きのない行動により，生活上，様々な困難に直面している状態をいう」と示されている。

（2）医学的診断基準

ここでは，アメリカ精神医学会が作成した精神疾患の診断・統計マニュアル（DSM-5-TR）における注意欠如多動症（Attention-Deficit / Hyperactivity Disorder）の診断基準について記載する。

A．(1)および／または(2)によって特徴付けられる，不注意および／または多動性－衝動性の持続的な様式で，機能または発達の妨げとなっているもの：

(1)　不注意：以下の症状のうち6つ（またはそれ以上）が少なくとも6カ月持続したことがあり，その程度は発達の水準に不相応で，社会的および学業的／職業的活動に直接，悪影響を及ぼすほどである。

　　それらの症状は，単なる反抗的態度，挑戦，敵意などの表れではなく，課題や指示を理解できないことでもない。青年期後期および成人（17歳以上）では，少なくとも5つ以上の症状が必要である。

(a)　学業，仕事，または他の活動中に，しばしば綿密に注意す

ることができない，または不注意な間違いをする（例：細部を見過ごしたり，見逃してしまう，作業が不正確である）。

(b) 課題または遊びの活動中に，しばしば注意を持続することが困難である（例：講義，会話，または長時間の読書に集中し続けることが難しい）。

(c) 直接話しかけられたときに，しばしば聞いていないように見える（例：明らかな注意を逸らすものがない状況でさえ，心がどこか他所にあるように見える）。

(d) しばしば指示に従えず，学業，用事，職場での義務をやり遂げることができない（例：課題を始めるがすぐに集中できなくなる，また容易に脱線する）。

(e) 課題や活動を順序立てることがしばしば困難である（例：一連の課題を遂行することが難しい，資料や持ち物を整理しておくことが難しい，作業が乱雑でまとまりがない，時間の管理が苦手，締め切りを守れない）。

(f) 精神的努力の持続を要する課題（例：学業や宿題，青年期後期および成人では報告書の作成，書類に漏れなく記入すること，長い文章を見直すこと）に従事することをしばしば避ける，嫌う，またはいやいや行う。

(g) 課題や活動に必要なもの（例：学校教材，鉛筆，本，道具，財布，鍵，書類，眼鏡，携帯電話）をしばしばなくしてしまう。

(h) しばしば外的な刺激（青年期後期および成人では無関係な考えも含まれる）によってすぐに気が散ってしまう。

(i) しばしば日々の活動（例：用事を足すこと，お使いをすること，青年期後期および成人では，電話を折り返しかけるこ

と，お金の支払い，会合の約束を守ること）で忘れっぽい。

(2) 多動性および衝動性：以下の症状のうち6つ（またはそれ以上）が少なくとも6カ月持続したことがあり，その程度は発達の水準に不相応で，社会的および学業的／職業的活動に直接，悪影響を及ぼすほどである。

それらの症状は，単なる反抗的態度，挑戦，敵意などの表れではなく，課題や指示を理解できないことでもない。青年期後期および成人（17歳以上）では，少なくとも5つ以上の症状が必要である。

(a) しばしば手足をそわそわ動かしたりトントン叩いたりする，またはいすの上でもじもじする。

(b) 席についていることが求められる場面でしばしば席を離れる（例：教室，職場，その他の作業場所で，またはそこにとどまることを要求される他の場面で，自分の場所を離れる）。

(c) 不適切な状況でしばしば走り回ったり高い所へ上ったりする（青年または成人では，落ち着かない感じのみに限られるかもしれない）。

(d) 静かに遊んだり余暇活動につくことがしばしばできない。

(e) しばしば"じっとしていない"，またはまるで"エンジンで動かされているように"行動する（例：レストランや会議に長時間とどまることができないかまたは不快に感じる；他の人達には，落ち着かないとか，一緒にいることが困難と感じられるかもしれない）。

(f) しばしばしゃべりすぎる。

(g) しばしば質問が終わる前に出し抜いて答え始めてしまう（例：他の人達の言葉の続きを言ってしまう；会話で自分の

番を待つことができない)。

  (h)　しばしば自分の順番を待つことが困難である（例：列に並
　　　　んでいるとき)。

  (i)　しばしば他人を妨害し，邪魔する（例：会話，ゲーム，ま
　　　　たは活動に干渉する；相手に聞かずにまたは許可を得ずに他
　　　　人の物を使い始めるかもしれない；青年または成人では，他
　　　　人のしていることに口出ししたり，横取りすることがあるか
　　　　もしれない)。

B．不注意または多動性－衝動性の症状のうちいくつかが12歳に
　　なる前から存在していた。

C．不注意または多動性－衝動性の症状のうちいくつかが２つ以上
　　の状況（例：家庭，学校，職場；友人や親戚といるとき；その他
　　の活動中）において存在する。

D．これらの症状が，社会的，学業的，または職業的機能を損なわ
　　せているまたはその質を低下させているという明確な証拠があ
　　る。

E．その症状は，統合失調症，または他の精神病性障害の経過中の
　　みに起こるものではなく，他の精神疾患（例：気分障害，不安
　　症，解離症，パーソナリティ障害，物質中毒または離脱）ではう
　　まく説明されない。

2.「注意欠陥多動性障害」の障害の状態等の実態把握

　実態把握は，障害の有無を判断するためではなく，学習面や行動面に
おいて特別な教育的支援が必要かどうかを検討するために行う。学級担
任等の子供の困難さへの気付きが重要になる。子供の実態を把握した上

で，学級担任や教科担任が指導の工夫や配慮を行っても学習状況に改善がみられない場合は，学年や学校全体での話し合いにつなげていくようにする。校内委員会等において，担任等の気付きや子供の実態を整理し，本人や保護者，専門家からの意見も参考にしながら，総合的に実態把握を行う。実態把握では，児童生徒の抱える課題点や困難な点ばかりに焦点を当てるのではなく，現状でできていることや少しの支援により達成可能なことなどにも注目し，また，障害に対する特定の内容に偏ることがないように全体像を捉えることが大切である。

　注意欠陥多動性障害の実態把握については以下のことを踏まえておく。

・注意欠陥多動性障害は，年齢あるいは発達に不釣り合いな注意力または衝動性・多動性を特徴とする。
・不注意または多動性－衝動性に関する行動特徴に該当する項目が多く，その状態が少なくとも6カ月以上続いている。
・不注意または多動性－衝動性の症状のうち一つまたは複数が12歳になる前に現れ，社会生活や学校生活を営む上で明らかに支障がある。
・著しい不適応の状態は学校や家庭など複数の場面でみられる。
・統合失調症やその他の精神疾患や環境的な要因が，不注意または多動性－衝動性の症状の直接的な原因ではないが，学習障害や自閉症等の他の発達障害と症状が併存する場合もある。
・薬物による治療を考える場合など，必要に応じて主治医や専門医，医療機関に医学的評価を依頼する。

3. 注意欠陥多動性障害の特性の理解

（1）注意欠陥多動性障害による困難さ

① 不注意

　細部を見過ごしたり，見逃したりする。注意が逸れやすく，集中を持続させることが困難で，課題等を最後までやり遂げることが難しい。課題や活動を順序立てることが難しく，必要な事柄を忘れやすい。

② 多動性-衝動性

　じっとしていることが苦手で，過度に手足を動かしたり，話したりすることから，落ち着いて活動や課題に取り組むことが困難である。話を最後まで聞いて答えることや順番を守ることが困難であったり，思いつくままに行動して他者の行動を妨げてしまったりする。

（2）注意欠陥多動性障害の特性の理解

① 気付かれにくい障害である

　障害そのものの社会的認知が十分ではなく，注意欠陥多動性障害の診断がない子供においても，不注意または衝動性・多動性の状態を示すことはありうることから，「故意」「わがまま」「自分勝手」「怠け」などとみなされてしまい，注意欠陥多動性障害の特性がその背景にあることに気付かれにくい面がある。これらの行動の背景には障害が起因しており，障害の特性に応じた指導や支援が必要であることを，保護者をはじめとして担任や学校関係者が共通認識しておくことが大切である。

② 他の障害と併存する場合が多い

　注意欠陥多動性障害は，中枢神経系に何らかの機能不全があると推定されており，学習障害や自閉症の症状を併せ有する場合もある。その程度や重複の状態は様々であることから，診断名や障害名ではなく，個々

の教育的ニーズに応じた対応を考える必要がある。

③　二次的な障害へつながる可能性がある

　故意にではなく，感情や行動をコントロールしきれずに無意識にとった行動が，結果として問題となる行動につながってしまいやすい。友達とのトラブルも多くなり対人関係がうまく保てない。学習面でも，不注意な誤り，早合点等のために失敗経験を積み重ねやすい。また，指示が聞けない，ルールや約束が守れないことは，人からの信頼を失ってしまうことにもつながる。どうしても周囲の人たちから注意や叱責を受けることが多くなり，自己肯定感がもてず自己評価も下がってしまい，また，情緒も不安定にもなりやすい。その結果，うつ病や不安障害，不登校，ひきこもり，また，反抗や暴力，暴言がエスカレートしてしまうなど，二次的な障害を引き起こしてしまう可能性もある。

4. 注意欠陥多動性障害のある子供の困難さに応じた　指導・支援

（1）学習面，行動面での困難さへの対応

① 不注意な間違いを減らすための指導

　不注意な間違いが多い場合には，他の情報に影響を受けやすいのか，視線を固定できないなど視覚的な認知に困難さがあるのか，わずかな情報だけですぐに取り組んでしまうのかなど，困難の状況の実態を把握する。その上で複数の情報から必要なものに注目できるようにする指導や，課題や作業の終了後は必ず確認することを習慣化する指導などを行う。

② 注意を集中し続けるための指導

　注意を集中することが難しい場合には，集中できる時間はどのくらいか，教科や活動による違いはあるのかなど，困難の状況の実態を把握する。その上で一つの課題や作業を分割して活動の見通しをもちやすくし

たり，注意が逸れる刺激が少ない黒板の近くの席にしたりして，集中しやすい学習環境を工夫して，注意の集中を持続するための指導を行う。

③　課題を最後までやり遂げるための指導

　指示に従い，課題を最後までやり遂げることが難しい場合は，指示の内容の理解ができていないのか，取組の方法が分からないのか，集中できる時間が短いからなのかなど，困難の状況の実態を把握する。その上で指示の内容を分かりやすくしたり，課題の量を調整したりして，最後まで取り組めるような工夫を行う。また，分からないときは助けを求めればよいことも教える。

④　忘れ物を減らすための指導

　忘れ物が多かったり，日々の活動も忘れやすかったりする場合は，興味のあるものとないもの，日常的なものとそうでないものなどで違いがあるのか，困難の状況の実態を把握する。その上でメモの取り方や忘れやすいものは特定の場所に置くことなどの工夫を行い，家庭と連携しながら定着を図る。

⑤　順番を待つ，最後まで話を聞くための指導

　順番を待つことが難しかったり，他の人の行動を遮ったりしてしまう場合は，ルールや約束事が理解できていないのか，行動や欲求のコントロールが難しいのかなど，困難の状況の実態を把握する。その上でルールや約束事を分かりやすく提示する工夫をしたり，ロールプレイなどを通して相手の気持ちを考えさせたり，困ったときの対処方法を身に付けたりするための指導を行う。

（2）二次的な障害への対応

　注意欠陥多動性障害のある子供は，故意にではなく感情や行動をコントロールしきれずに無意識にとった行動が，結果として問題につながり

やすい。目前の行動だけに注目せず，きっかけになることや背景など前後関係を把握し対応を考えるようにする。適切でない行動をすぐに止めさせたいときは，どうしても注意や叱責による対応が多くなる。その場の行動の制止はできても望まれる行動にはつながらない。二次的な障害として状況が悪化してしまう場合もある。誤りを指摘して修正させる対応よりも，望まれる行動を認められる経験を積むことが重要になる。大切なのは適切な行動に意識が向けられることである。

5. 注意欠陥多動性障害のある児童生徒の学びの場

（1）通常の学級における指導

　学校では全ての児童生徒が一斉指示のもと集団活動に参加することが求められる。集団から外れてしまう児童生徒に対しても，参加を促すかかわりが日常的に行われる。担任等の言葉かけやかかわりは，子供同士の言葉かけやかかわりのモデルにもなる。発達障害のある児童生徒の適応の困難さには，個々の児童生徒が抱える課題とともに，学習環境や人間関係なども大きく影響している。特に注意欠陥多動性障害の場合は，行動面の特性に注目されがちだが，不注意な誤りや早合点等による失敗経験の積み重ねなど，学習面のつまずきも適応状態に大きく影響する。指示が理解できているか，情報を漏らしていないか，手順は分かっているか等，的確な実態把握と支援の手立ての工夫が求められる。対人関係への配慮も重要である。思い込みや勘違いの言動や友達からの何気ない一言がきっかけとなり，適切でない行動につながることもある。障害特性の理解は，学級の児童生徒たちやその保護者にも進める必要がある。その際は，注意欠陥多動性障害という障害の理解を促すだけでなく，障害特性による困難さや行動特徴からどのような支援や配慮が必要なのか，その対応の仕方について共通理解を図ることが重要である。

（2）通級による指導（注意欠陥多動性障害）

　通級による指導とは，小学校，中学校，高等学校の通常の学級に在籍している，言語障害，情緒障害，弱視，難聴などの障害がある児童生徒のうち，比較的軽度の障害がある児童生徒に対して，各教科等の指導は主として通常の学級で行いつつ，個々の障害の状態に応じた特別の指導を通級指導教室のような特別の指導の場で行う教育形態である。

　通級による指導（注意欠陥多動性障害）の対象となる障害の程度は以下のようになっている。

　年齢又は発達に不釣り合いな注意力，又は衝動性・多動性が認められ，社会的な活動や学業の機能に支障をきたすもので，一部特別な指導を必要とする程度のもの

　　　　　（平成 25 年 10 月 4 日付け文部科学省初等中等教育局長通知）

　注意欠陥多動性障害のある児童生徒の指導は，通常の学級における安心できる居心地のよい学級づくりや，誰もが分かりやすい授業づくりを基盤として，学級全体と障害による困難さに対する指導上の工夫や個に応じた手立て，合理的配慮の提供が前提となる。

　注意欠陥多動性障害のある児童生徒の中には，例えば，座席位置の配慮や黒板の周囲の掲示物の調整，活動時間を短く区切るなどの配慮だけでは，学習の習得の困難さが改善されない場合がある。そのため，自分の特性を理解し，自分に適した注意集中の方法や課題への取組方法を身に付ける指導を行うなど，一部特別な指導が必要となると考えられる。このような場合には，障害による学習上または生活上の困難を主体的に改善・克服するために必要な知識，技能，態度及び習慣を養う自立活動の指導を通級指導教室で行うことを検討することになる。

文部科学省「改訂第3版　障害に応じた通級による指導の手引　解説とQ&A」（平成30年）には，注意欠陥多動性障害の指導内容の例が示されている。

なお，これらの指導は，自立活動の指導として個別の指導計画を作成，活用して行うことになる。

【不注意による間違いを少なくする指導】

不注意な状態を引き起こす要因を明らかにする努力が大切である。その上で，例えば，刺激を調整し，注意力を高める指導，また，情報を確認しながら理解することを通して自分の行動を振り返らせるなどして，自分に適した方法を理解させ，身に付けさせる指導等がある。

【衝動性や多動性を抑える指導】

指示の内容を具体的に理解させたり，手順を確認したりして，集中して作業に取り組ませるようにする指導や，作業や学習等の見通しをもたせるなどして集中できるようにする指導，身近なルールを継続して守らせるようにするなどして，自己の感情や欲求をコントロールする自分に適した方法を理解させ，身に付けさせる指導等がある。

これらのほかにも，社会的技能や対人関係にかかわる困難を改善・克服するための指導として，ソーシャルスキルやライフスキルに関する内容などがある。その際には，小集団指導（グループ指導）を活用することも有効である。さらに，障害の理解を図り，自分が得意なこと・不得意なことを児童生徒に自覚させる指導も大切である。

なお，注意欠陥多動性障害のある児童生徒の場合，学習障害や自閉症の障害の特性を併せ有する場合もあり，子供の教育的ニーズに応じた指導内容を検討することが大切である。

学習課題

1. 注意欠陥多動性障害のある子供の特性を理解し，個別の教育的ニーズと人間関係も含めた環境調整の視点から，適切な指導と必要な支援を考えてみよう。
2. 注意欠陥多動性障害のある子供の二次的な障害についての理解を深め，その予防的な支援について考えてみよう。

引用文献

文部科学省『障害のある子供の教育支援の手引～子供たち一人一人の教育的ニーズを踏まえた学びの充実に向けて～』ジアース教育新社，2022 年

高橋三郎，大野裕監訳『DSM-5-TR 精神疾患の分類と診断の手引』医学書院，2023 年

国立特別支援教育総合研究所『特別支援教育の基礎・基本 2020』ジアース教育新社，2020 年

文部科学省編著「改訂第 3 版　障害に応じた通級による指導の手引　解説と Q&A」海文堂，2018 年

参考文献

国立特別支援教育総合研究所『改訂新版 LD・ADHD・高機能自閉症の子どもの指導ガイド』東洋館出版社，2013 年

市川宏伸監修『子どもと家族のための ADHD サポートブック』成美堂出版，2022 年

8 | 自閉症の理解と支援

笹森洋樹

《**目標＆ポイント**》 自閉症の状態や特性について触れながら，学習上の「困難さ」に対する個に応じた「手立て」を検討し指導することの重要性と，自立活動における個別の指導計画の作成・活用について理解し，その教育的支援の基本について概説する。

《**キーワード**》 自閉症，学習上の困難さ，個別の指導計画，教育的支援

1. 自閉症とは

　医学的な診断については，世界保健機関（WHO）が作成した分類（ICD-11）及びアメリカ精神医学会が作成した精神疾患の診断・統計マニュアル第5版（DSM-5-TR）において，「自閉スペクトラム症」の用語が使用されているが，文部科学省では，「自閉症」が使われているため，本稿では「自閉症」を用いることとする。

(1) 教育における定義
　「障害のある子供の教育支援の手引〜子供たち一人一人の教育的ニーズを踏まえた学びの充実に向けて〜」（文部科学省，令和3年）では，「自閉症とは，①他者との社会的関係の形成の困難さ，②言葉の発達の遅れ，③興味や関心が狭く特定のものにこだわることを特徴とする発達の障害である。その特徴は3歳くらいまでに現れることが多いが，成人期に症状が顕在化することもある。中枢神経系に何らかの機能不全があ

ると推定されている」と示されている。

（2）医学的診断基準

　ここでは，アメリカ精神医学会が作成した精神疾患の診断・統計マニュアル（DSM-5-TR）における自閉スペクトラム症（Autism Spectrum Disorder）の診断基準について記載する。

A．複数の状況で社会的コミュニケーションおよび対人的相互反応における持続的な欠陥があり，現時点または病歴によって，以下により明らかになる（以下の例は一例であり，網羅したものではない）。

　⑴　相互の対人的−情緒的関係の欠陥で，例えば，対人的に異常な近づき方や通常の会話のやりとりのできないことといったものから，興味，情動，または感情を共有することの少なさ，社会的相互反応を開始したり応じたりすることができないことに及ぶ。

　⑵　対人的相互反応で非言語的コミュニケーション行動を用いることの欠陥，例えば，まとまりのわるい言語的，非言語コミュニケーションから，視線を合わせることと身振りの異常，または身振りの理解やその使用の欠陥，顔の表情や非言語コミュニケーションの完全な欠陥に及ぶ。

　⑶　人間関係を発展させ，維持し，それを理解することの欠陥，例えば，さまざまな社会的状況に合った行動に調整することの困難さから，想像上の遊びを他者と一緒にしたり友人を作ることの困難さ，または仲間に対する興味の欠如に及ぶ。

B．行動，興味，または活動の限定された反復的な様式で，現在ま

たは病歴によって，以下の少なくとも2つにより明らかになる
（以下の例は一例であり，網羅したものではない）。

(1)　常同的または反復的な身体の運動，物の使用，または会話
　　（例：おもちゃを一列に並べたり物を叩いたりするなどの単調
　　な常同運動，反響言語，独特な言い回し）。

(2)　同一性への固執，習慣への頑なこだわり，または言語的，
　　非言語的な儀式的行動様式（例：小さな変化に対する極度の苦
　　痛，移行することの困難さ，柔軟性に欠ける思考様式，儀式の
　　ようなあいさつの習慣，毎日同じ道順をたどったり，同じ食物
　　を食べたりすることへの要求）。

(3)　強度または対象において異常なほど，きわめて限定され執着
　　する興味（例：一般的ではない対象への強い愛着または没頭，
　　過度に限局したまたは固執した興味）。

(4)　感覚刺激に対する過敏さまたは鈍感さ，または環境の感覚的
　　側面に対する並外れた興味（例：痛みや体温に無関心のように
　　見える，特定の音または触感に逆の反応をする，対象を過度に
　　嗅いだり触れたりする，光または動きを見ることに熱中する）。

C．症状は発達早期に存在していなければならない（しかし社会的
　　要求が能力の限界を超えるまでは症状は完全に明らかにならない
　　かもしれないし，その後の生活で学んだ対応の仕方によって隠さ
　　れている場合もある）。

D．その症状は，社会的，職業的，または他の重要な領域における
　　現在の機能に臨床的に意味のある障害を引き起こしている。

E．これらの障害は，知的能力障害（知的発達症）または全般的発
　　達遅延ではうまく説明されない。知的能力障害と自閉スペクトラ
　　ム症はしばしば同時に起こり，自閉スペクトラム症と知的能力障

> 害の併存の診断を下すためには，社会的コミュニケーションが全
> 般的な発達の水準から期待されるものより下回っていなければな
> らない。

精神疾患の診断・統計マニュアル第5版（DSM-5-TR）以降，自閉症やアスペルガー症候群などの広汎性発達障害の状態はそれぞれ独立したものではなく連続した一つのものと考えられることから，自閉スペクトラム症に変更された。

2.「自閉症」の障害の状態等の実態把握

実態把握は，障害の有無を判断するためではなく，学習面や行動面において特別な教育的支援が必要かどうかを検討するために行う。学級担任等の子供の困難さへの気付きが重要になる。子供の実態を把握した上で，学級担任や教科担任が指導の工夫や配慮を行っても学習状況に改善がみられない場合は，学年や学校全体での話し合いにつなげていくようにする。校内委員会等において，担任等の気付きや子供の実態を整理し，本人や保護者，専門家からの意見も参考にしながら，総合的に実態把握を行う。実態把握では，児童生徒の抱える課題点や困難な点ばかりに焦点を当てるのではなく，現状でできていることや少しの支援により達成可能なことなどにも注目し，また，障害に対する特定の内容に偏ることがないように全体像を捉えることが大切である。

自閉症の実態把握については以下のことを踏まえておく。

・自閉症は，「他者との社会的関係の形成の困難さ」「言葉の発達の遅れなどコミュニケーションの障害」「興味や関心が狭く特定のものにこだわること」を特徴とする。
・その他の特徴として，感覚の過敏性や鈍感性，シングルフォーカス

（特定の部分に注意が集中し他に向きにくいこと），中枢性統合の弱さ（情報を整理・統合して処理することの困難さ）などがみられることもある。

・それらの特徴は3歳くらいまでに現れることが多いが，成人期に顕在化することもある。

・学校生活や社会生活において著しい困難さがみられる場合がある。

・知的障害，言語障害，学習障害，注意欠陥多動性障害等の障害と併存することもある。

・必要に応じて主治医や専門医，医療機関に医学的評価を依頼する。

3. 自閉症の特性の理解

（1）他者との社会的関係の形成の困難さ

相手の気持ちや状況を考えず，自分の視点を中心に活動しているようにみえる。例えば，自分の興味や関心のあることを質問し続けたり，一人遊びに没頭していたりするなどの姿がみられることがある。また，かかわり方が一方的，ルールに従って遊ぶことが難しいなど，仲間関係をつくったり，相手の気持ちを理解したりすることが難しい。

（2）言葉の発達の遅れなどコミュニケーションの障害

全般的な言語の理解や使用に発達の遅れがみられ，他者とのコミュニケーションに困難さがある。身振りや表情などを用いて自分の意思を伝えることも難しい。知的障害を伴う場合は，他者の言葉をそのまま反復（エコラリア）したり，独り言を繰り返したりすることがみられる。言語発達に遅れがない場合でも，回りくどい言い方や独特な話し方をしたり，会話が一方的であったりすることがある。

（3）限定された反復的な言動や特定のものへのこだわり

特定の対象に強い興味を示したり，日課や物の配置，道順などがいつ

も同じであることにこだわったりする。一定の遊びや活動から次の行動に移れない，気持ちを切り替えられないといった状況がみられる。また，日課が急に変わると適切に対応することができず，著しく動揺することがある。環境の変化に適応することが難しいために，こだわり行動が現れていると考えることが大切である。一方で，漢字，カレンダー，乗り物など特定の事物に興味と関心があることで，知識を豊かにすることもある。

（4）感覚の過敏性，鈍感性

　感覚の過敏性や鈍感性の現れ方は多様である。例えば，一般的には不快であると感じられるガラスを爪でひっかく音は平気であっても，特定の人物の声や教室内の雑音に極端な恐怖を感じることがある。けがをしてもまるで痛みを感じていないように振る舞うこともある。銀紙やセロファンなどの光る物，換気扇や扇風機などの回転する物などに強い興味を示すこともある。手や指をひらひらさせたり，身体を前後に揺すったりする常同的で反復的な行動がみられることもある。重度の知的障害を伴う場合は，こうした自己刺激行動が，手を噛んだり頭を何かにぶつけたりする自傷行動につながることもある。

（5）シングルフォーカス，中枢性統合の弱さ

　シングルフォーカスとは，一つのことに注意が集中していると他のことに注意が向きにくい状態である。一度に複数のことを処理することが難しかったり，多くの情報の中の一部分に反応してしまったりする。

　中枢性統合とは全体の状況を見て理解する能力のことである。自閉症は，物事を全体として見ることが苦手で細部に注目しやすく，複数の情報を整理・統合して全体的な文脈で理解することに困難さがある。

4. 自閉症のある子供の困難さに応じた指導・支援

（1）他者とのかかわりの基礎に関すること

　身近な教師との慣れたかかわりから，少しずつ安定した関係をつくるようにする。やりとりの方法を大きく変えずに繰り返し，やりとりが定着するようにすることも重要である。自分の気持ちを伝えにくい場合は，本人の好きな活動の中で，感情を表した絵やシンボル等を視覚的な手がかりとして，気持ちの理解を促したり，他者と気持ちの共有を図ったりするような指導を行う。それらの指導を通して，安心してかかわることができる信頼関係を築くことが大切である。

（2）情緒の安定に関すること

　他者に自分の気持ちを伝えることが難しい場合に，自分を叩いてしまったり，他者に対して不適切なかかわり方をしてしまったりすることがある。自分を落ち着かせることができる対応が必要になる。落ち着ける場所に移動して慣れ親しんだ活動に取り組むなどして，落ち着きを取り戻すような経験を積み重ねていくようにする。自分なりの興奮を静める方法を知ることや，絵カードやメモなどを用いて自分の気持ちを相手に伝えることができるようになるための指導が大切である。

（3）状況の理解と変化への対応に関すること

　日課と異なる行事や急な予定変更などで混乱したり不安になったりして，求められた行動がとれないことがある。事前に予定されているスケジュールや予想される事態や状況等を伝えたり，体験できる機会を設定したりするなど，見通しをもち状況の理解や適切な対応ができるようにする。周囲の状況に意識を向けたり，経験を他の場面に関連付けて対応

したりすることも苦手である。具体的な対応について書かれたメモなど
を活用し，場に応じた行動がとれるように指導を行う。また，特定の動
作や行動に固執し，次の活動や場面に切り換えることが難しいことがあ
る。快適な刺激を得ていたり，不安な気持ちを和らげていたりする場合
もあることから，無理に制止せず，本人が納得して次の活動に移ること
ができるように指導することが大切である。

（４）障害の特性の理解と生活環境の調整に関すること

　感覚の過敏さやこだわりがある場合，例えば大きな音がしたり，予定
通りに物事が進まなかったりすると，情緒が不安定になることがある。
自分から別の場所に移動したり，音量の調整や予定の変更の説明を他者
に依頼したりするなど，自ら刺激の調整を行い，気持ちを落ち着かせる
ことができるように指導を行う。

（５）感覚調整の補助及び代行手段の活用に関すること

　聴覚の過敏さにより特定の音を嫌がる場合，音源を遠ざけたり，イ
ヤーマフやノイズキャンセリングヘッドホン等の音量を調節する器具を
利用したりするなど，自分で対処できる方法を身に付けるようにする。
また，その特定の音が発生する理由や仕組みなどを理解し，徐々に受け
入れられるようにしていくことも大切である。

（６）認知や行動の手がかりとなる概念の形成に関すること

　抽象的な表現の意味を理解できず，指示に従った行動がとれない場合
がある。指示の内容や作業手順，時間の経過等を視覚的に把握できるよ
うに教材・教具等の工夫を行うとともに，手順表などを活用し，順序や
時間，量の概念等を形成できるようにする。提示されたものへの注視，

教師の示範の模倣などを苦手としていることも多い。集団での一斉指示及び説明を自分のこととして捉えていないこともある。一斉指示及び説明の後に個別に指示及び説明を行うなど，指示に従った行動が主体的にとれる経験を積ませる。また，興味や関心のある事柄に注意が集中し全体像が把握できないことがある。全体を把握することができるように，部分から順を追って全体を把握できるようにする。

（7） 他者の意図や感情の理解に関すること

言葉や表情，身振りなどから相手の思いや感情を読み取り，それに応じて行動することが困難な場合がある。また，言葉を字義通りに受け止めてしまい，行動や表情に表れている相手の真意の読み取りを間違うことがある。生活上の様々な場面を想定し，自分の経験も思い起こしながら，相手の言葉や表情などから立場や気持ち，考えていることなどを推測するような指導を行う。

（8） 生活習慣の形成に関すること

特定の食物や衣服に強いこだわりを示すため，極端な偏食があったり，季節に合わせた衣服の調整ができなかったりする場合がある。自分の体調を管理できずに無理をしていたり，自分の容姿について周りからどのようにみられているのかを推測したりすることも苦手である。食事や睡眠，排泄や体温を測る習慣付けや，姿見を見ながら整髪や着衣の乱れなど身だしなみを整えることに意識を向けることなど，改善に向けて保護者等と学校が連携して，取り組むことが大切である。

なお，これらの指導・支援については，特別支援学校，特別支援学級及び通級による指導では，自立活動の指導として個別の指導計画を作成，活用して行うことになる。

5. 自閉症のある子供に対する支援としての構造化

　自閉症のある子供には，米国ノースキャロライナ州の TEACCH プログラムで紹介された構造化が有効である。構造化とは，図などを活用して物事や情報を体系的に視覚化することにより，何を求められているのかを分かりやすく伝えたり，設定したりする方法である。見通しがもてないことに不安を感じやすい自閉症のある子供の場合は，学習や生活を構造化して示すことで，いつ，どこで，何を，どのように取り組めばよいかが理解しやすくなる。見通しがもてないことで生じる不安を軽減するとともに，必要な情報に注意を集中しやすくなり，安心して自信をもって活動できるなどの効果がある。わが国でも多くの自閉症の指導や支援を行う療育や教育の現場で実践されている。

　構造化には決まった形はなく，子供一人一人の実態に応じて調整するものであり，定期的に見直しを図っていくことが重要である。以下に例示する。

【物理的な構造化】家具，ついたてなどを使い，各空間を物理的に区切り，各空間や場面で何をすればよいかを視覚的に分かりやすくする。

【時間の構造化】スケジュールを視覚的に示すことで，どのような活動がどのような順番で続くのかをあらかじめ理解できるようにする。

【活動の構造化】活動の流れを分かりやすくすることで，学習に集中しやすくする。

【流れの構造化】手順のある事柄について，決まった手順で行えるようにする。

> 【課題の構造化】取り組む一つ一つの課題について，どのような手順で，どのように行い，どうなると終わるのかを分かりやすくする。

6. 自閉症のある児童生徒の学びの場

（1）通常の学級における指導

　自閉症のある児童生徒は，相手の気持ちを推し量ることや自分の言動の周りへの影響を把握することに難しさがあり，暗黙の了解や例え話，遠回しの表現など抽象度が高い内容の理解に困難さを抱えている。多くの児童生徒は経験とともに文脈を理解し，暗黙の了解を学んでいくが，自閉症のある児童生徒は教師からの一斉指示や質問の意図を理解することが難しい場合もある。自分の言動が周りにどのような影響を与えているのかといった状況を客観的に把握することにも難しさがある。周りと同じ行動がとれなかったり指示に従えなかったりすることから，わがままで自分勝手と受け止められたり，いじめやからかいにあったりすることもある。自閉症のある児童生徒の適応の困難さには，個々の抱える課題だけでなく，環境や教師，友達との人間関係なども大きく影響している。児童生徒が出す不適応の小さなサインを見逃さず，早めに気付き支援につなげることが大切である。

（2）自閉症・情緒障害特別支援学級における指導

　自閉症・情緒障害特別支援学級は，必要に応じて，小中学校等に設置されているものである。対象となる障害の程度は以下のように示されている。一に示されている程度のものが自閉症の対象となるものである。

> 一　自閉症又はそれに類するもので，他人との意思疎通及び対人関係の形成が困難である程度のもの
> 二　主として心理的な要因による選択性かん黙等があるもので，社会生活への適応が困難である程度のもの
> 　　　　　（平成 25 年 10 月 4 日付け文部科学省初等中等教育局長通知）

　通常の学級における教師からの一斉指示や質問の理解に困難が生じることにより，学習活動に参加している実感・達成感をもてず，情緒的に不安定になってしまう場合もある。特性に応じたより個別的な指導を少人数の集団の中で行うことが効果的と考えられる児童生徒の場合は，特別支援学級での指導を検討することが考えられる。特別支援学級において特別な指導を行ったことにより，学習や社会生活への適応の状態が改善され，一斉での学習活動においても授業内容が分かり，学習活動に参加している実感・達成感をもてる状況に変容してきた場合には，通常の学級と通級による指導を組み合わせた指導について検討することが考えられる。また，知的障害を併せ有している児童生徒で，各教科を特別支援学校（知的障害）の各教科に替える必要がある場合は，知的障害特別支援学級で学ぶことについて検討する。

（3）通級による指導（自閉症）

　通級による指導とは，小学校，中学校，高等学校の通常の学級に在籍している，言語障害，情緒障害，弱視，難聴などの障害がある児童生徒のうち，比較的軽度の障害がある児童生徒に対して，各教科等の指導は主として通常の学級で行いつつ，個々の障害の状態に応じた特別の指導を通級指導教室のような特別の指導の場で行う教育形態である。通級に

よる指導（自閉症）の対象となる障害の程度は以下のようになっている。

> 自閉症又はそれに類するもので，通常の学級での学習におおむね参加でき，一部特別な指導を必要とする程度のもの
> （平成25年10月4日付け文部科学省初等中等教育局長通知）

　通常の学級において教科等を他の児童生徒と一緒に学ぶことができる自閉症のある児童生徒の中にも，他人との意思疎通にかかわることや対人関係，社会生活への適応などの困難さの改善のためには，通常の学級では実施できない特別な指導が必要となる場合がある。基本的には一斉の学習活動で学習ができるが，他者の意図や感情の理解に困難があることから，友達とのやりとりにおいて誤解が頻繁に生じるなどして，円滑にかかわることが難しい状態である児童生徒の場合は，他者との意思疎通にかかわることや対人関係について一部特別な指導が必要であり，通級による指導を検討することが考えられる。

　文部科学省「改訂第3版　障害に応じた通級による指導の手引　解説とQ&A」（平成30年）には，自閉症の指導内容の例が示されている。

【円滑なコミュニケーションのための知識・技能を身に付ける指導】

　自閉症は，他者と社会的な関係を形成することに困難を伴い，しばしばコミュニケーションの問題や行動上の問題，学習能力のアンバランスを併せ有することもある。そのような場合には，円滑なコミュニケーションのための知識・技能を身に付けることを主な指導内容とした個別指導が必要である。

　さらに個別指導で学んだ知識・技能を一般化する場面として，小集団指導（グループ指導）を行うことも効果的である。

【適切な対人関係を維持するための社会的ルールを理解する指導】

小集団指導では，個別指導で学んだ知識・技能を音楽や運動，ゲームや創作活動などの実際的・具体的な場面で活用・適用して，実際の生活や学習に役立つようにするとともに，学校の決まりや適切な対人関係を維持するための社会的ルールを理解することなど，社会的適応に関することを主なねらいとする。

【感覚の特性に気付き，工夫する技能等を身に付ける指導】

ほかにも，自閉症のある児童生徒には，感覚の過敏さや鈍麻さがある場合があるため，自分の感覚の特性に気付き，工夫する技能等を身に付けるための指導を行うことも考えられる。

指導に当たっては，例えばコミュニケーションの指導や感情のコントロールの指導などに絵や文字，動画を提示できる PC やタブレット端末のアプリを活用するなど，視聴覚機器等の教材を有効に活用し，指導の効果を高めることが大切である。

なお，自閉症のある児童生徒の場合，学習障害や注意欠陥多動性障害の障害の特性を併せ有する場合もあり，指導の際には留意が必要である。

学習課題

1. 自閉症のある子供の特性を理解し，個別の教育的ニーズと周囲の人間関係も含めた環境調整の視点から，適切な指導と必要な支援を考えてみよう。
2. 自閉症のある子供の二次的な障害についての理解を深め，その予防的な支援について考えてみよう。

引用文献

文部科学省『障害のある子供の教育支援の手引～子供たち一人一人の教育的ニーズを踏まえた学びの充実に向けて～』ジアース教育新社，2022 年

高橋三郎，大野裕監訳『DSM-5-TR 精神疾患の分類と診断の手引』医学書院，2023 年

国立特別支援教育総合研究所『特別支援教育の基礎・基本 2020』ジアース教育新社，2020 年

文部科学省編著「改訂第 3 版　障害に応じた通級による指導の手引　解説と Q&A」海文堂，2018 年

参考文献

国立特別支援教育総合研究所『改訂新版 LD・ADHD・高機能自閉症の子どもの指導ガイド』東洋館出版社，2013 年

市川宏伸監修『これでわかる自閉スペクトラム症』成美堂出版，2020 年

9 | 発達障害・重複障害と ICT 支援

金森克浩

《**目標＆ポイント**》 一人一台端末の時代状況と発達障害をはじめとする様々な障害の状態や特性を踏まえ，個に応じた指導の最適化を図るため，ICT を中心とした教材・教具の活用及び学習環境の整備のありようについて概説する。
《**キーワード**》 発達障害・重複障害，個に応じた指導，ICT，教材・教具の工夫

1. 特別支援教育における教材や支援機器の重要性

特別支援教育においては，その障害による困難さから，通常の教科書や教材，またそれらを使った指導法では学習が十分に保障できていない児童生徒にも教育を充実していく必要がある。

文部科学省が平成 25 年にまとめた「障害のある児童生徒の教材の充実に関する検討会」の報告ではその基本的な考え方として，「障害のある児童生徒の将来の自立と社会参加に向けた学びの充実を図るためには，障害の状態や特性を踏まえた教材を効果的に活用し，適切な指導を行うことが必要」とし，「このため，各学校における必要な教材の整備，新たな教材の開発，既存の教材を含めた教材の情報収集に加え，教員がこれらの教材を活用して適切な指導を行うための体制整備の充実が求められる」ということを示している（**図 9-1** 参照）。その上で，(1) 国等の役割，(2) 教育委員会の役割，(3) 学校の体制整備，(4) 教員の知識の

1. 基本的な考え方

○ 障害のある児童生徒の**将来の自立と社会参加に向けた学びの充実を図るためには**，障害の状態や特性を踏まえた教材を効果的に活用し，適切な指導を行うことが必要。
○ このため，各学校における**必要な教材の整備，新たな教材の開発，既存の教材を含めた教材の情報収集**に加え，教員がこれらの教材を活用して適切な指導を行うための**体制整備の充実**が求められる。

2. 今後の推進方策

(1) 国等の役割

○ 障害の状態や特性に応じた教材や支援機器，指導方法，活用事例等に関する**全国レベルで情報交換するためのデータベースの作成**。
○ 障害のある児童生徒が使用しやすい**教材や支援機器の研究開発の支援**。
○ 音声教材として複製された教科用特定図書等を製作する**ボランティア団体等の支援**。
○ ICTや支援機器の技術的支援を行う**外部専門家による支援**。
○ 教材や支援機器の活用方法や指導方法に関する**各都道府県等の指導者層を養成するための研修等の実施**。

(2) 教育委員会の役割

○ 地方財政措置や関連する国の施策を踏まえた**教材等の整備**。
○ 教材等の活用方法や指導方法を習得するための**研修等の実施，先進的取組に関する情報提供**。
○ 特別支援学校が**センター的機能を活用した教材等の貸出しや活用方法等の指導・助言等を行うことを念頭に置いた教材等の整備の支援**。

(3) 学校の体制整備

○ 校内委員会の活用など**学校としての組織的な対応**。
○ 校内研修等を通じた**児童生徒一人一人の教育的ニーズに応じた教材や支援機器の充実・活用**。
○ 特別支援学校における**ICTや支援機器の技術的支援を行う外部専門家の配置及びセンター的機能を活用した，地域の小・中・高等学校等への支援**。

(4) 教員の知職の習得及び指導方法の改善

○ 個別の指導計画に**教材等に係る合理的配慮の内容の明記**。
○ 児童生徒一人一人の障害の状態や特性を理解した上で，適切な教材等を用いて適切な指導を行うための知識・技能の習得（外部専門家による支援）。
○ 家庭学習における**教材等の活用や家庭で使用する教材等の学校における活用を踏まえた保護者との連携**。

(5) 産業界・大学等との連携

○ **学校と企業等との情報交換が促進される仕組みの構築**。
○ 教材等の作成に関する**大学，高専，専修学校，ボランティア団体等との連携**。

図9-1　障害のある児童生徒の教材の充実について　報告（概要）
（障害のある児童生徒の教材の充実に関する検討会）

習得及び指導方法の改善，(5) 産業界・大学等との連携の五つの項目を示し，学習環境を整備するための指針を示している。

2. 特別支援教育でのICT活用

教材や支援機器の中でも近年は情報機器や通信機器となるICTの活用が注目されている。さて，ICTとは何であろうか。文部科学省が令和元年12月に出した図9-2にある「教育の情報化に関する手引」(以下，手引と記す。令和2年6月追補)には，ICT (Information and Communication Technology：情報通信技術) と示されている。この手引は学習指導要領の発出に合わせてつくられるので，その前に出された平成22年版の手引では「「ICT」とは，Information and Communication

図9-2　教育の情報化に関する手引の概念図（文部科学省）

Technology の略で，コンピュータや情報通信ネットワーク（インターネット等）などの情報コミュニケーション技術のこと」とある。この表現でいうと，主にコンピュータとインターネット回線等のネットワークを利用した教育方法となる。

　現代は多くの電子機器がネットワークにつながっており，それらを介して様々な情報のやりとりを行っている。近年，話題になっている生成AI の技術などは，そうした土台の上に利用されたものである。それらの技術も中心ではあるが，障害のある子供たちへの ICT 技術はこれらも含めつつ，もう少し大きな概念として捉える必要がある。

　そこで，本章では障害のある子供の学習や生活に役に立つ電子機器等の情報機器やそれらの活用とネットワークの活用なども含めて ICT として定義する。

　さて，特別支援教育における ICT の活用の意義について，手引には以下のように示されている。

　「コンピュータや情報通信ネットワークなどの ICT は，特別な支援を必要とする児童生徒に対して，その障害の状態や特性及び心身の発達の段階等に応じて活用することにより，学習上又は生活上の困難を改善・克服させ，指導の効果を高めることができる重要な手段である。このような情報化に対応した特別支援教育を考えるに当たっては，個々の児童生徒が，学習を進める上でどのような困難があり，どのような支援を行えばその困難を軽減できるか，という視点から考えることが大切である。(第1章第4節　特別支援教育における教育の情報化)」また，「ICT を活用することは，新たな表現手段を可能にする。例えば，海外の IT 企業では障害者を雇用しているが，それは単に福祉のためだけでなく，健常者では発揮できない力を示したり，多様な感性を提案することで，障害の無い人では気づきにくい誰にでも使いやすい製品を作ったりする

ことになる」とも述べられている。学習上の困難さだけに着目するのではなく，ICT 機器の可能性や，障害のある子供たちの特性を活かせる側面もあるという視点はとても重要である。

　また，もう一つ大きな概念としてアシスティブ・テクノロジーというものがある。手引によるとアシスティブ・テクノロジーの定義は「障害による物理的な操作上の困難や障壁（バリア）を，機器を工夫することによって支援しようという考え方がアクセシビリティであり，それを可能とするのがアシスティブ・テクノロジーである。これは障害のために実現できなかったこと（Disability）をできるように支援する（Assist）ということであり，そのための技術（Technology）を指している。そして，これらの技術的支援方策を充実することによって，結果的にバリアフリーの状態を実現しようということでもある」と書かれている。この言葉自体は，もともと海外から来たものであり，国内では「支援技術」「福祉技術」というような表現もあるが，そのまま使ってアシスティブ・テクノロジー（Assistive Technology：AT）と表現されることも多い。ICT 機器の様々な機能は，学習面での困難さを主体的に改善するためのツールとなりうるものとなる。

3.　発達障害のある児童生徒への ICT 活用

　発達障害のある児童生徒への ICT 機器の活用として大きく整理すると，「機能代替的な活用」と「環境整備としての活用」が挙げられる。機能代替的な活用方法には以下の（1）～（6）のような利用方法がある。

（1）読むことの困難さを支援する方法
　一般の印刷物，特に教科書などをそのまま読むことが苦手な児童生徒に対しては，デジタルデータで提供されることで本人の学びやすい形態

第 9 章　発達障害・重複障害と ICT 支援　│　**131**

になる。デジタルデータにより，文字のフォント，大きさ，色使い，行間の広さ，背景の色などを調整することで，読みやすくなることが分かっている。また，音声読み上げ機能を利用すれば読み上げさせながら音声で聞くことで多感覚を使った学習方法になる。

　発達障害のある児童生徒のために文部科学省は「音声教材」という教科書のデジタルデータを提供する事業を行っている。音声教材は文部科学省から委託を受けた六つの団体が，それぞれ独自の形式で教科書のデジタルデータを提供している。後述するようなデジタル教科書と同じような形式のものから，教科書の中にあるテキスト部分を音声データにして提供するものまで様々であり，学習上のニーズに合わせて提供されている（**表9-1** 参照）。これらを利用することで，紙の教科書では学びに

表9-1　音声教材の提供団体一覧

団体名	提供データの名称	データの形式
日本障害者リハビリテーション協会	マルチメディアデイジー教科書	マルチメディアデイジー
東京大学先端科学技術研究センター	Access Reading	Word の docx 形式と EPUB 形式
NPO 法人エッジ	音声教材 BEAM	教科書の mp3 形式の音声データ
茨城大学	ペンでタッチすると読める音声付教科書	見えない2次元コードが印刷された教科書紙面を，2次元コードスキャナを内蔵した音声ペン
広島大学	文字・画像付き音声教材	HTML，CSS，JPEG 形式のデータ
愛媛大学	愛媛大学 UNLOCK	音声データとテキストデータ

くい児童生徒の学習を支援することとなる。

（2）書くことの困難さを支援する方法

　学習の基本は「入力」「処理」「出力」である。読むことが入力であるとすれば言葉に出したり，字を書いたりすることは出力に当たるが，書くことに困難さがあると適切な出力の方法がとれず，学習内容の定着が遅れてしまう。学びは考えを表現することでその定着が図られるので，表現する活動が保障されないことは学習に大きな支障をきたす。また，字を書くこと以外でも表現する方法を補償していくことは重要である。

　そこでICT機器の利用となるが，学校現場においてはGIGAスクール構想によりタブレット端末が学校に導入されているので，キーボード入力だけにこだわらず，音声入力や手書き入力などの方法も検討できるとよいだろう。ここで大切なことは，一つの方法にこだわらず，本人が適切な入力方法を選択できることである。しかし適切な表現方法を獲得するためには，代替の入力方法を習得する際にある程度の練習が必要となることを考慮する必要がある。

（3）算数・数学の学習への支援

　算数や数学の学習における困難さとしては，「計算における困難さ」と「図形やグラフなどの作図の困難さ」などが挙げられる。数式の理屈は分かっていても計算することに極端に時間がかかる場合は，電卓などを使用することも考えられる。また，筆算のためのソフトなどもある。図形の学習においても作図やグラフなどを描くソフトがある。学びの段階や手先の巧緻性なども考えながらではあるが，このようなソフトも積極的に活用し，学習内容に興味が失われないようにすることが大切になる。

（4）考えをまとめることへの支援

　ワーキングメモリーの容量が少ない児童生徒など，言葉だけの情報ではなかなか思考が整理できない場合でも，文字を図に示すことで，自分の考えを整理することが可能になる。マッピングソフトなど，情報を視覚的に整理できるので，理解を深めることが容易になる。

（5）聞くことの困難さを支援する方法

　聴覚に過敏性があり，音や声の聞き取りが苦手な児童生徒がいる。そのような場合は，環境整備も大切であるが，イヤーマフやノイズキャンセリングヘッドフォンなどで音による刺激を軽減する方法がある。

　また，学習内容を聞いて理解させることだけでなく，積極的に視覚情報をスライド教材などで提示することで理解を促すことも大切になる。

（6）話すことの困難さを支援する方法

　コミュニケーションの困難さとして，自閉症のある児童生徒など自分の考えを言葉でうまく伝えられない児童生徒もいる。そのような児童生徒のためには，言葉でなく，文字を書いて伝える方法が伝えやすい場合がある。また，文字ではなく，シンボルというイラストを使ったコミュニケーション方法もよく使われている。

　また，環境整備としては次の（7）・（8）のようなものが考えられる。

（7）デジタル教科書の活用

　文部科学省は学校教育に積極的にデジタル教科書を導入することを進めている。デジタル教科書の特徴としては，前述の音声教材の機能と合わせ，学習教材や外部の参考になる資料の参照機能など，多様な可能性

がある。また，音声教材とは違い標準的な機能の中にアクセシビリティ機能が内蔵されることで様々な児童生徒の学習の支援となる。

（8）電子黒板の活用

　電子黒板を使った指導は，視覚的な情報をより分かりやすく提示できる。これは，学習のユニバーサルデザインにつながっていくことになる。ただし，利用する場合には，「見やすくなっているか」「分かりやすい内容か」「画面に出すことが必要な内容か」といったことを意識することが大切である。

　これらのことだけでなく，試験において ICT 機器をどのように使っていくかということはとても重要である。日常的に ICT 機器を使った学習方法が試験においても利用できるような合理的配慮が求められる。

4. 多様な障害のある子供への ICT 活用

　特別支援学校に在籍する重複障害やより手厚い支援を要する児童生徒には，学習や生活上の困難さを支援するための ICT 機器はより効果を発揮するものである。

　国立特別支援教育総合研究所（ここでは発行年，研究成果報告書を後掲文献で示す）では特別支援教育における ICT の活用について「児童生徒のニーズ・特性が明確に記述されているか」「機器の種類・特性が明確に記述されているか」「指導のねらいに対して，内容や指導形態が適切であるか」「児童生徒のニーズ・特性に対して，指導のねらいが適切であるか」「機器の特性を活かした活動内容であるか」といった視点で事例の整理を行っている。これをもとに ICT 活用の事例を「A コミュニケーション支援（A1 意思伝達支援，A2 遠隔コミュニケーション支援）」「B 活動支援（B1 情報入手支援，B2 機器操作支援，B3 時間支援）」

第9章　発達障害・重複障害とICT支援 | **135**

表9-2　ICT活用の4観点9項目（金森，2022）

観点	A コミュニケーション支援		B 活動支援			C 学習支援			D 実態把握支援
項目	A1 意思伝達支援	A2 遠隔コミュニケーション支援	B1 情報入手支援	B2 機器操作支援	B3 時間支援	C1 教科学習支援	C2 認知発達支援	C3 社会生活支援	D1 実態把握支援
事例	iPadの文字入力機能を使った実践	テレビ会議システムを利用する取組	教科書を読む際に，読み上げ音声で内容を理解	iPadで写真を撮る	授業の流れを理解する	iPadとアプリを利用した漢字学習支援	iPadなどを使いながら個々の学習課題を支援した事例	自分の姿を振り返るモニタリング事例	子供の意思表出を記録して観察する

「C 学習支援（C1 教科学習支援，C2 認知発達支援，C3 社会生活支援）」の3観点8項目で整理している。金森（2022）はこれにアセスメントの視点（D 実態把握支援）を追加した4観点9項目でまとめている（**表9-2** 参照）。

　これらは，個別に考えるのではなく，複数の項目に重なり合うことに留意する必要がある。また，以下は，障害別でのICT活用の典型的な例である。詳しくは手引などを参照してほしい。

（1）視覚障害

　視覚障害のある児童生徒へのICT機器の活用としては，弱視の児童生徒がよく活用するタブレット端末による画面の拡大や音声読み上げなどがある。また，全盲の児童生徒への点字ディスプレイやパソコンの音声合成機能などが利用されている。

（2）聴覚障害

　聴覚障害のある児童生徒へのICT機器の活用では，電子黒板やデジタル教科書が以前から使われていた。発達障害のある児童生徒と同様に，視覚的な情報がより効果的となるからである。特に，電子黒板は見える校内放送として使われている学校もある。

（3）知的障害

　知的障害のある児童生徒へのICT活用としてはコミュニケーション機器としての利用がある。言葉によるコミュニケーションに苦手さがある児童生徒でもシンボルを活用することで，自分の考えを伝えやすくなる。VOCA（Voice Output Communication Aids：携帯型会話補助装置）といわれる機器が，旧来は利用されてきていたが，タブレット端末用に様々なアプリケーションが開発されており，これらが有効に活用されている。

（4）肢体不自由

　肢体不自由のある児童生徒にはスイッチでの操作をはじめ，多様な入力方法が求められる。個々に児童生徒の困難さが違うので，特別な入力装置が必要な児童生徒もいれば，OSの基本機能に装備されたアクセシビリティといわれる機能を活用することでICT機器が有効に活用できる児童生徒もいる。近年は，視線入力装置が実用的になったため広く普及し始めている。

（5）病弱・身体虚弱

　病気の児童生徒の多くは，その困難さのために登校に制限がある場合が多い。近年めざましく普及したテレビ会議システムなどのネットワー

クの活用はそういった児童生徒の社会参加や学習参加に利用されてきていた。病気のある児童生徒は、社会とのつながりを図るためのネットワークの活用はより効果的であるが、それと同時に直接人と接することで学ぶことも大きいので、使い分けていくことも考える必要がある。

5. 今後に向けて

ICT の活用は、障害のある子供たちの世界を広げ、学びに多くの可能性をもたらす。しかし、そのためには「どう使うか」ということを念頭におかなければならない。つまり、ICT を使えばよいという、目的が「使うこと」になってしまわないことである。学校現場を見ると、子供たちの方が大人よりも上手に使っているようにも思えることがある。

また、困難さを補うという視点だけでなく、得意を伸ばすという視点はとても重要になる。文部科学省が令和5年3月8日に答申を出した「次期教育振興基本計画について（答申）（中教審第241号）」では共生社会の実現に向けた教育の推進の一つとして、「支援を必要とする子供の長所・強みに着目する視点の重視」が示されている。表現するツールとして ICT の可能性は今後も広がるであろう。その強みを理解して使っていくことが大切である。

学習課題

1. 発達障害のある子供の教材について具体的にどのようなものがあるかを調べてみよう。
2. コンピュータなどにある障害のある人のためのアクセシビリティ機能について具体的に調べてみよう。

引用・参考文献

文部科学省「障害のある児童生徒の教材の充実について　報告」2013 年

文部科学省「教育の情報化に関する手引─追補版─（令和 2 年 6 月）」2020 年
　（https://www.mext.go.jp/a_menu/shotou/zyouhou/detail/mext_00117.html）

文部科学省「次期教育振興基本計画について（答申）」（中教審第 241 号）2023 年

文 部 科 学 省「音 声 教 材」（https://www.mext.go.jp/a_menu/shotou/kyoukasho/
　1374019.htm）

金森克浩・福島勇・大井雅博『新しい時代の特別支援教育における支援技術活用と
　ICT の利用』ジアース教育新社，2022 年

金森克浩「「個に応じた支援」と「合理的配慮」UD と ICT の視点」（特別支援教育
　士資格認定協会編『特別支援教育の理論と実践　Ⅱ　指導【第 4 版】』金剛出版，
　2023 年）

国立特別支援教育総合研究所「障害のある児童生徒のための ICT 活用に関する総合
　的な研究─学習上の支援機器等教材の活用事例の収集と整理─」2016

10 | 校内外支援体制の構築と連携的支援

佐藤愼二

《**目標＆ポイント**》 特別支援教育コーディネーターを要とした支援体制構築の重要性に触れ，校内のみならず家庭や医療，福祉及び労働機関等の校外の関係機関・外部専門家とも連携した支援のありようについて概説する。
《**キーワード**》 特別支援教育コーディネーター，校内外支援体制，連携

1．チームで取り組む特別支援教育

（1）全ての教職員に求められる特別支援教育

　学校教育法第81条第1項には「幼稚園，小学校，中学校，義務教育学校，高等学校及び中等教育学校においては，次項各号のいずれかに該当する幼児，児童及び生徒その他教育上特別の支援を必要とする幼児，児童及び生徒に対し，文部科学大臣の定めるところにより，障害による学習上又は生活上の困難を克服するための教育を行う」とある。

　上記の規定は障害等の特別の支援を必要とする子供の教育，すなわち特別支援教育を特別支援学校だけでなく通常の学校でも行うことを示している。そのため，「通常の学級にも，障害のある児童のみならず，教育上特別の支援を必要とする児童が在籍している可能性があることを前提に，全ての教職員が特別支援教育の目的や意義について十分に理解することが不可欠である」（小学校学習指導要領（平成29年告示）解説総則編。以下，解説と記す）と記載されている。なお，同様の記載は中学校等の解説にもある。

（2）チームで取り組む

　障害等の教育上特別の支援を必要とする子供の特別支援教育は全ての教職員にその実践が求められている。そのため，「校長は，特別支援教育実施の責任者として，**校内委員会**を設置して，**特別支援教育コーディネーター**を指名し，校務分掌に明確に位置付けるなど，学校全体の特別支援教育の体制を充実させ，効果的な学校運営に努める必要がある。その際，各学校において，児童の障害の状態等に応じた指導を充実させるためには，特別支援学校等に対し<u>専門的な助言又は援助を要請</u>するなどして，**計画的，組織的に取り組む**ことが重要である」（解説，太字アンダーライン筆者）としている。

　本章では，上記の太字アンダーラインをキーワードにしながら，通常の学校においてチームで取り組む特別支援教育，すなわち，校内外支援体制の構築と連携的支援のありようを概説する。

2. 校内委員会・特別支援教育コーディネーターと校内外支援体制の構築

（1）校内委員会

　特別支援教育が開始された平成 19 年 4 月 1 日に発出された「特別支援教育の推進について（通知）」（文部科学省）では，「3.」の項目内に「(1) 特別支援教育に関する校内委員会の設置」という項があり「校長のリーダーシップの下，全校的な支援体制を確立し，発達障害を含む障害のある幼児児童生徒の実態把握や支援方策の検討等を行うため，校内に特別支援教育に関する委員会を設置すること」が示された。

　「発達障害を含む障害のある幼児児童生徒に対する教育支援体制整備ガイドライン〜発達障害等の可能性の段階から，教育的ニーズに気付き，支え，つなぐために〜」（平成 29 年 3 月，文部科学省。以下，ガイ

ドラインと記す）では，校内委員会の役割として，○児童等の障害による学習上又は生活上の困難の状態及び教育的ニーズの把握，○教育上特別の支援を必要とする児童等に対する支援内容の検討（個別の教育支援計画等の作成・活用及び合理的配慮の提供を含む）やその評価，○教育上特別の支援を必要とする児童等を早期に発見するための仕組みづくり等の具体を例示している。上記ガイドラインのサブタイトルに「教育的ニーズに気付き，支え，つなぐために」とあるように，学校全体として教育上特別な支援を必要とする子供たちを支える体制を確立する重要性が強調されている。

（2）特別支援教育コーディネーター

先の通知では「3.」の項目内の「(3) 特別支援教育コーディネーターの指名」において「校長は，特別支援教育のコーディネーター的な役割を担う教員を「特別支援教育コーディネーター」に指名し，校務分掌に明確に位置付けること」としている。

ガイドラインでは特別支援教育コーディネーター（以下，コーディネーターと記す）の役割として，○校内の推進・調整役として，校内委員会の企画・運営を担い，教育上特別の支援を必要とする児童等の情報を収集し，必要に応じ，特別支援教育支援員，スクールカウンセラー，スクールソーシャルワーカー等をつなぐ，○ケース会議を開催し，担任や特別支援学級担任，通級指導教室担当，必要に応じて保護者や外部の専門家等の関係者も交えて，教育上特別の支援を必要とする児童等の支援についての検討，○個別の教育支援計画，個別の指導計画の作成支援，○地域の巡回相談員（※各自治体に配置されている特別支援教育のアドバイザー）や特別支援学校のセンター的機能の活用（第15章参照）やその他の教育，医療，保健，福祉，労働等の関係機関等との連絡調整

等が示されている。

　コーディネーターは校内外の専門家・関係機関（以下，専門家等と記す）の力も借り，校内委員会を中心に支援体制を構築することになる。

（3）校内外支援体制の構築

　（1）（2）で触れたように，障害等を含む教育上特別の支援を必要とする子供を支えるために，担任だけで担うのではなく，また学校だけで担うのでもなく，専門家等と連携し大きなチーム支援を展開する，それが校内外支援体制の構築である。

　校長のリーダーシップの下，コーディネーターが中心になり校内委員会を機能させつつ，必要に応じて専門家等とも連携する計画的，組織的な支援体制の確立が求められている。

3. 校内外支援体制の構築と連携的支援の現状

（1）通常の学級の現状

　先に「通常の学級にも，障害のある児童のみならず，教育上特別の支援を必要とする児童が在籍している可能性があることを前提に」（解説）教育活動を組織・展開する必要性を指摘した。第1章で触れたように，文部科学省（令和4年）によると通常の学級に在籍し，知的発達に遅れはないものの学習面または行動面で著しい困難を示すとされた児童生徒数の割合は，小中学校において推定値8.8％，高等学校においては推定値2.2％であった。さらに，通常の学級では，海外から帰国した子供や外国人の子供，不登校，いじめ，暴力，児童虐待等による教育上の特別の支援や配慮を要する子供も少なくない。

　そのため，小学校学習指導要領本文には，新たに「第4　児童の発達の支援」という項が起こされ「特別な配慮を必要とする児童への指導」

について言及している（中学校，高等学校の学習指導要領本文にも同様の記載）。併せて，「生徒指導提要」を 12 年ぶりに改訂（令和 4 年 12 月）し，生徒指導の基本的な考え方や取組の方向性等を再整理し，今日的な課題に対応していく方針を示した。チーム学校としての組織的・計画的で連携的な取組が求められている。

（2）校内委員会の現状

「通常の学級に在籍する障害のある児童生徒への支援の在り方に関する検討会議報告」（文部科学省，令和 5 年 3 月。以下，報告と記す）の分析によると「学習面又は行動面で著しい困難を示している児童生徒のうち，校内委員会において特別な教育的支援が必要と判断されている割合は，小中学校：推定値 28.7%，高等学校：推定値 20.3% であった。校内委員会において特別な教育的支援が必要と判断されていない児童生徒については，そもそも校内委員会での検討自体がなされていないことが考えられ，校内委員会の機能が十分に発揮されていないなど，学校全体で取り組めていない状況が見受けられる」と指摘している。

なお，同報告で校内委員会は「ほぼ全ての学校で設置（小学校：100%，中学校：99.9%，高等学校：97.4%（平成 30 年の状況・文部科学省調査））されている」とあることから，校内委員会が定期的に開催されているのか，開催されていても形骸化していないか「校内委員会の在り方について再点検する必要がある」としている。

先に触れたように，校内委員会とコーディネーターは，特別支援教育推進の要であることから，校内における位置付けの再確認とその機能の最適化が求められている。

（3）専門家等との連携的支援の現状

　同報告では「専門家（特別支援学校，巡回相談員，福祉・保健等の関係機関，医師，スクールカウンセラー（SC），作業療法士（OT）など）に学校として，意見を聞いているか」という設問に対しては，「定期的に聞いている」との回答が，小中学校：推定値14.8%，高等学校：推定値9.9%となっているとして，「外部の専門家や関係機関等（以下，「専門家等」という。）と連携している学校はあるものの，まだまだ十分とは言えない状況であることが伺える」と指摘している。

　先に，「担任だけで担うのではなく，学校だけで担うのでもなく，校外の専門家・関係機関と連携し大きなチーム支援を展開」すると述べたが，連携・協働による特別支援教育のさらなる推進が求められている。

4. 校内外支援体制の構築と連携的支援の実際

　校内外支援体制の構築や連携的支援が実際にどのように展開されるのかを事例で確認する。なお，以下の2事例は，個人情報が特定されないように，筆者が実際にかかわった複数の事例を再構成した内容である。

（1）校内外の支援体制が好循環した事例から

① 支援の経過

　通常の学級に在籍する小学4年生Aさんは友達とのトラブルが多く，担任はその支援に苦慮していた。コーディネーターに相談したところ，早速，直近の職員会議で「一言コメントカード（いいとこ見つけ）」を事務職員を含む全教職員に依頼した。さらに，コーディネーターは，管理職を通して巡回相談員に応援要請をした。

　校内委員会が開催される頃には，コメントカードも集約され「地域の和太鼓サークルで活躍している」との情報が複数寄せられた。コーディ

ネーターは朝の打ち合わせで全職員に「Aさんのサークルでの頑張りをさりげなく応援しましょう」と呼びかけた。

叱られることが圧倒的に多かったAさんであったが，表情も少しずつ柔らかくなった。さらに，友達とのトラブルも減ってきた。併せて，巡回相談の活用により学級生活や授業を改善する具体的な示唆を得たことで，担任もより一層力を尽くせる状況になった。

「専門家等を含む校内外の支援体制」が良い形で機能した好事例である。以下，本事例をもとに実践上の要点を確認する。

② 本事例から学びたいこと

ア 全職員をチームに－コメントカード－

「一言コメントカード」は当該校の伝統であった。A4判を4等分したカードに「頑張っていること・いいとこ（分からない場合は「私ならこうする」)」を「一言」記入して担当者に提出するシンプルな方法である。コーディネーターは，「友達とのトラブル」という課題に目を向ける前に，徹底した『いいとこ応援』という逆転の発想を全教職員で共有するチーム支援を展開した。

イ 校内外支援体制の構築へ

校内委員会で確認し『いいとこ応援』への協力を全教職員に呼びかけつつ，並行して巡回相談員からの示唆も得ることになった。その結果，学級生活や授業における支援はより一層具体化した。担任独りではとてもできないことであり，コーディネーターや巡回相談員と連携して支援体制が構築された好事例といえる。

ウ コーディネーターの役割と連携のポイント

上記の事例から学びたい要点の一つは，コーディネーターは特別支援教育関連の課題解決の「総合案内窓口」になっている点である。つまり，コーディネーター本人が直接的な支援をするということではなく，

全教職員に支援のヒントを依頼したり，巡回相談を要請したりする等，あくまでも支援体制の構築を「コーディネート」する役割を担うことである。困ったときにはまず相談する存在であり，「連携」の入口になっている。

校内外には通常の学級を支援するために，特別支援学級，通級指導教室，特別支援学校（のコーディネーター）をはじめとして，事例にも登場した巡回相談員，さらにはスクールカウンセラー，スクールソーシャルワーカーという心強い専門家等が存在する。なお，巡回相談員は市町村だけでなく，教育事務所単位でも依頼できる地域もある。専門家等も含めて連携的なチーム支援が実現した本事例から学ぶことは多い。

（2）専門家等のアドバイスが有効であった事例から
① 支援の経過

授業中の離席が激しい ADHD（第7章）の診断がある小学2年生（通常の学級在籍）であった。1年次も支援を尽くしたが思うような成果がなかった。校内委員会で再検討し，まずは保護者を通して学校でのこれまでの様子を医師に連絡したところ，薬物治療が開始された。今後の服薬量を調整するために，医師は簡便な行動観察記録を担任に依頼した。

一方で，コーディネーターは巡回相談を依頼した。この地域は「作業療法士」（OT：Occupational Therapist）が巡回相談を兼ねていた（地域によっては，様々な専門家が巡回相談を担当している）。作業療法士とは「立つ」「座る」「歩く」等の日常基本動作や姿勢全体の様子を把握し，鉛筆や毛筆，はさみ，絵の具等の学習用具を使用するという観点からも子供の行動分析をして（学校）生活支援をする専門家である。

作業療法士は行動観察に基づき「着席姿勢の崩れ」に注目した。机と椅子の高さを調整し，着席時のお尻の位置を子供とも丁寧に確認した。

担任には「学校生活や授業などの様々な場面で，子供たちと勉強しやすい姿勢について触れ，子供たち全員の意識が高まるようにしてほしい」と依頼した。また，鉛筆の持ち方と持つ位置等の書字動作にも具体的なアドバイスをした。

3カ月後，着席時間は大きく増え，さらに，驚いたことには「字がきれい」になった。それは本人にとっても大きな自信につながった。落ち着きのなさ，姿勢，書字動作などの全てを包括的に分析した専門家等との連携が大きな成果をもたらした好事例である。

② 事例から学びたいこと

近年では，医師はもちろん，「作業療法士」，「言語聴覚士」（ST：Speech Therapist），「理学療法士」（PT：Physical Therapist）等の専門家が発達障害支援で活躍している。地域によって，その配属状況に違いはあるが，コーディネーターは地域の状況を把握した上で，様々な立場の専門家等と，子供，保護者，担任，学校とを「コーディネート」する役割を担いたい。また，子供の様子を多角的に検討する専門家等の力を借りて，「連携」を図る重要性を改めて確認しておきたい。

5. 今後に向けて

（1）校内委員会のこれから

① 定期的な開催と学習会の機能

校内委員会を定期的に開催することは，「担任だけで担うのではなく，学校だけで担うのでもなく，校外の専門家・関係機関と連携し大きなチーム支援を展開」するメッセージを全校的に発信することでもある。

検討する具体的な事例がない場合も想定し，校内委員会には学習会的な機能をもたせる。運動会が近ければ練習や本番での配慮，保護者会や個別面談を控える時期であれば「気になる」子供の保護者との連携等の

「全校的に役に立つテーマ」を設定しておく。それらを含む年間計画の検討を年度当初に行い全校で共有することで，「開かれた」「役に立つ」校内委員会として校内に位置付けたい。

② 専門家等との連携

先の報告では，専門家等との連携が十分でないことも踏まえ「必要な時に専門家等から支援を得るためには教育委員会や学校が専門家等の情報を把握しておくことが大切であり，これらの情報を活用して専門家等に教師が相談しやすい体制を構築するなど校内で資源の活用方法を考えておくことが必要である。また，必要な時に専門家等に支援を求めるだけではなく，恒常的に助言や支援がなされるよう，常日頃から学校のこと（教育課程や学習指導要領に定められた目標・内容等）をよく理解してもらうなど，専門家等と学校との双方向で，例えば定期的なケース会議を開くなどの連携を強化しておくことが重要である」と踏み込んだ提言を行っている。

専門家等を招いて助言を得る校内委員会や研修会の開催についても，あらかじめ年間計画に組み入れる校内外支援体制の構築を検討したい。

③ 実質的な校内支援体制へ

ア 学年会との連携

日常的な情報交換は学年会で行われている。その意味では，学年会が果たす役割は極めて大きい。支援に苦慮する「気付き」がある場合に，まずはその情報を学年会とコーディネーターとで共有する。その上で，学級生活や授業において具体的に配慮・工夫すべき点（第11，12章）について学年チームで検討する姿勢を大切にしたい。

学年会が中心になってフォローする体制づくりの重要性を年度当初に全校的に共通理解する必要がある。

イ　ミニ校内委員会

　支援に急を要することがある場合には，学年会や校内委員会の開催そのものを待てないケースもある。コーディネーターを中心に関係者だけでフットワークよく打ち合わせる「ミニ校内委員会」を開催することを年度当初に共通理解しておく。併せて，授業中の危険な行動上の課題に緊急対応することもある。例えば，2階に教室がある担任同士の連携を図るという意味で「フロアー支援会議」等の工夫もある。学年を越えた支援と役割分担にはコーディネーターとの「連携」が欠かせない。

（2）よりよい引継ぎに基づく校内外支援体制の構築

①　障害のある子供の場合

　乳幼児期に相談履歴があったり医学的な診断を受けていたりする場合は「個別の教育支援計画」（「個別の支援計画」「就学支援シート」「相談支援ファイル」等，地域によって名称に違いがある）等を作成していることが多い。そのため，「引継ぎ」も容易であり，幼稚園・保育所と小学校，小学校と中学校等の連携が比較的スムースである。それによって「学級編制」も含めた「組織的・計画的」な支援体制を検討できる。

②　「気になる」子供の場合

　一方，少し「気になる」等，相談が十分に行われていない子供の場合には得られる情報も極めて限られる。個人情報に十分留意することは言うまでもないが，幼稚園・保育所と小学校の引継ぎのさらなる充実が求められる。「乳幼児健康診査」「就学時健康診断」「学校説明会」等を活用した具体的な「気付き」の体制構築や幼稚園・保育所・小学校連携協議会等での連携を実質的に機能させていく必要があろう。

　また，小学校と中学校の場合には，中学校学区の連携協議会，年度末の引継ぎの充実を図りたい。どの子供にとっても，年度当初をスムース

に気持ちよくスタートできる体制を整える必要がある。

③　事後対応から事前の対応へ

　特別支援教育は子供の困難さが増してから始まるものではない。子供が学校における生活上・学習上で困難さを抱える前に「気付き」，事前に予防的に支援するのが特別支援教育である。その意味では，①②で触れたような引継ぎも含めて，1年の間の「どのタイミング」で「どのような取組」を行うことが望ましいのか，コーディネーターは特別支援教育推進のためのよりよい年間計画の立案を行いたい。

　なお，引継ぎにおいて留意したい点は子供の苦手や困難さ等の「課題」となる側面を把握するだけではなく，むしろその子供の得意・よさ・できること・持ち味は何なのかを確認することである。子供の得意やよさが発揮される4月のスタートでありたい。

④　個別の教育支援計画・個別の指導計画の活用

　すでに触れてきたように専門家等も含む校内外の様々な関係者とチームで連携支援を行うことが大切になる。その連携支援の概要を子供本人や保護者の思い・願いも踏まえて作成する個別の教育支援計画のさらなる充実・活用が求められている。また，各教科等の指導に当たって作成される個別の指導計画についても同様である。

　これらの計画は引継ぎの際にも重要な役割を果たすことから，その効果的な作成と活用については全校的な検討と共通理解が必要である。

第 10 章　校内外支援体制の構築と連携的支援　│　**151**

学習課題

1. 本書の各章も踏まえて，通常の学校で展開される特別支援教育に求められる校内外支援体制の構築と連携的支援の必要性について，改めて考えてみよう。
2. 校内外支援体制の今後の課題について整理してみよう。

引用・参考文献

文部科学省『小学校学習指導要領（平成 29 年告示)』東洋館出版社，2018 年

文部科学省『小学校学習指導要領（平成 29 年告示）解説　総則編』東洋館出版社，2018 年

文部科学省「発達障害を含む障害のある幼児児童生徒に対する教育支援体制整備ガイドライン～発達障害等の可能性の段階から，教育的ニーズに気付き，支え，つなぐために～」2017 年

文部科学省「通常の学級に在籍する特別な教育的支援を必要とする児童生徒に関する調査結果（令和 4 年）について」2022 年

文部科学省「通常の学級に在籍する障害のある児童生徒への支援の在り方に関する検討会議報告」2023 年

佐藤愼二『通常学級の「特別」ではない支援教育 − 校内外支援体制・ユニバーサルデザイン・合理的配慮 − 』東洋館出版社，2022 年

11 | 通常の学級における学級経営と発達障害支援

佐藤愼二

《**目標＆ポイント**》 発達障害等による困難さを踏まえたきめ細かな指導や支援について理解し，学校・学級生活の具体的な場面を想定しどの子供もつつみこむユニバーサルな学級経営のありようについて概説する。
《**キーワード**》 発達障害，ユニバーサルデザイン，学級経営

1. 通常の学級における学級経営の重要性

（1）教室の多様な現実

　通常の学級には，障害のある子供だけでなく，海外から帰国した子供や外国人の子供，不登校，いじめ，貧困，ヤングケアラー等，教育上特別な支援を必要とする子供が在籍している。

　現行の学習指導要領の前文には，「これからの学校には…（中略）…一人一人の児童が，自分のよさや可能性を認識するとともに，あらゆる他者を価値のある存在として尊重し，多様な人々と協働しながら様々な社会的変化を乗り越え，豊かな人生を切り拓き，持続可能な社会の創り手となることができるようにすることが求められる」とある。このように多様性を前提とした学校経営と学級経営は時代の要請である。

（2）学級経営の重要性

　現行の学習指導要領では本文に「特別な配慮を必要とする児童（生

徒）への指導」という項目が起こされた。その解説「総則編」（以下，解説と記す。また，小学校，中学校，高等学校学習指導要領に同内容の記述があるため，以降，一括して本文，解説と記す）では「通常の学級にも，障害のある児童（生徒）のみならず，教育上特別の支援を必要とする児童（生徒）が在籍している可能性があることを前提に，全ての教職員が特別支援教育の目的や意義について十分に理解することが不可欠である」と記された。

「通常の学級に在籍する特別な教育的支援を必要とする児童生徒に関する調査結果（令和 4 年）について」（文部科学省，令和 4 年 12 月。以下，調査と記す）によると，小学校・中学校において「知的発達に遅れはないものの学習面や行動面で著しい困難を示すとされた児童生徒数の割合」は推定値で 8.8% と示された。この 8.8% の児童生徒は通常の学級に在籍している。学級経営の重要性を改めて確認したい。

本文では「児童（生徒）が，自己の存在感を実感しながら，よりよい人間関係を形成し，有意義で充実した学校生活を送る中で，現在及び将来における自己実現を図っていくことができるよう，児童理解を深め，学習指導と関連付けながら，生徒指導の充実を図る」とあり，「学級の風土を支持的な風土につくり変えていく」（解説）必要性が指摘されている。多様な現実をつつみこめる学級経営が求められている。

2. 校内外支援体制と学級経営

（1）校外の支援機関とも連携して

本文には「障害のある児童（生徒）などについては，特別支援学校等の助言又は援助を活用しつつ，個々の児童（生徒）の障害の状態等に応じた指導内容や指導方法の工夫を組織的かつ計画的に行う」とある。第 10 章で触れたように，特別支援教育コーディネーターを中心に校内委

員会での検討を充実させつつ，特別支援学校を含む校外の支援機関とも連携し，学級経営や授業づくりを工夫することになる。

　しかし，調査では「専門家（特別支援学校，巡回相談員，福祉・保健等の関係機関，医師，スクールカウンセラー（SC），作業療法士（OT）など）に学校として，意見を聞いているか」という設問に対しては，「定期的に聞いている」との回答が推定値 14.8%（高等学校：推定値 9.9%）と低くなっている。学級経営や授業の改善に関しても，通常の学級担任だけで抱えることなく，通級による指導，特別支援学級，特別支援学校という連続性のある多様な学びの場や外部専門家等を積極的に活用する組織的・計画的な取組が求められている。

（２）計画的・組織的に－チーム学校で－

①　学級経営を支える校内連携体制

　「学校には，校長，副校長，教頭，主幹教諭，指導教諭，教諭，養護教諭や栄養教諭など専門性を有する教職員がおり，これら全ての教職員が協力して児童の指導に当たることが必要である。指導体制の充実は，学習指導や生徒指導などに幅広くわたるものであり，学校全体が，共通理解の下に協力して教育活動を進めていかなくてはならない」（解説）とある。例えば，小学１年生を迎える際には，就学時健康診断，幼保小連携協議会，入学説明会，就学支援シート等の活用に基づく新入生学級編制会議等を一体的に機能させる必要がある。併せて，在学生の進級に際しては，特別な配慮を要する子供の引継ぎを大切にし，中学校への進学に際しては，中学校学区の小学校との連携・引継ぎが求められる。

　また，解説には「教師一人一人にも得意の分野など様々な特性があるので，それを生かしたり，学習形態によっては，教師が協力して指導したりすることにより，指導の効果を高めるようにすることが大切であ

る。その具体例としては，専科指導やティーム・ティーチング，合同授業，交換授業などが考えられ，各学校の実態に応じて工夫することが望ましい」とある。校外・校内の連携体制の中でこそ，学級経営がよりよく機能することを確認したい。

② 学級経営を支える学年会

加えて，学年会は各教室を輪番で会場とし，児童生徒の座席配置，作品，教室環境等を確認し合ったり，通級指導教室担当者等も交えたテストの交換採点を定期的に実施したりする等の情報共有の場としたい。学年会の在り方についても年度当初に全校で確認し，連携的・協働的な開かれた学級経営を追究したい。

以上のような全校的なチームでの連携支援体制が機能し「指導内容や指導方法の工夫」が「組織的かつ計画的に」検討されることで，学級経営や授業づくりがより一層充実すると考えられる。

（3）ユニバーサルデザインの発想を大切に

近年，学校教育でもユニバーサルデザインという考え方が注目されている。障害者の権利に関する条約でも「「ユニバーサルデザイン」とは，調整又は特別な設計を必要とすることなく，最大限可能な範囲で全ての人が使用することのできる製品，環境，計画及びサービスの設計をいう」と言及している。

何らかの問題が顕著になった後の「事後対応」ではなく，「計画・設計段階」からあらかじめ配慮する「事前支援型」の考え方である。先に触れた本文にも「組織的かつ計画的に行う」とあるように，発達障害等の特別の配慮を要する子供（以降，配慮を要する子供と記す）が在籍することを前提とした「指導内容や指導方法の工夫」，すなわち，ユニバーサルな学級経営や授業の工夫が求められている。

通常の学級におけるユニバーサルデザインとは，日本授業 UD 学会が提唱する「特別な支援が必要な子を含めて，通常学級の全員の子が，楽しく学び合い『わかる・できる・探究する』ことを目指す授業デザイン」（桂）である。そして「①発達障害等を含む配慮を要する子供には「ないと困る支援」であり，②どの子供にも「あると便利で・役に立つ支援」を増やす，③その結果として，全ての子供たちの過ごしやすさと学びやすさが向上する」（佐藤，2022）方向性が志向されることになる。

3. 配慮を要する子供をつつみこむ学級経営のポイント

（1）「見方」を変えて「支援」を変える気付きと理解の重要性

「発達障害を含む障害のある幼児児童生徒に対する教育支援体制整備ガイドライン〜発達障害等の可能性の段階から，教育的ニーズに気付き，支え，つなぐために〜」（平成 29 年 3 月，文部科学省。以下，ガイドラインと記す）が指摘するように，通常の学級担任（以下，担任と記す）の「気付きと理解」は何より重要である。

配慮を要する子供は「わがまま」「身勝手」「努力不足」と誤解されやすく，注意・叱責されることも多い。まずは，担任が「気付き」，「どこで困っているのだろう」と見方を変えて，支援を変えることが大切になる。ガイドラインが指摘するように「通常の学級の担任・教科担任は，自身の学級に教育上特別の支援を必要とする児童等がいることを常に想定し，学校組織を活用し，児童等のつまずきの早期発見に努めるとともに行動の背景を正しく理解する」必要がある。

（2）温かい学級づくり

ガイドラインでは「教育上特別の支援を必要とする児童等に対して適切な指導や必要な支援をするとともに，温かい学級経営及び分かりやす

い授業」の重要性を指摘している。本項ではどの子供も安心して過ごすことができる学級づくりの方向性について検討する。

① 安全・安心こそ基盤

先に触れたように，配慮を要する子供は担任だけでなく周りの友達からも誤解されやすく，学級生活の中で困ることや間違えることも多い。まずは「困ったり間違ったりしても大丈夫」「助けてもらえる」という安全・安心感が大切になる。守ってもらえるという安全・安心感があるからこそ子供は前向きな気持ちになれる。それが自立に向けた「生きる力」の基盤をなす。この安全・安心感は配慮を要する子供たちだけでなく，どの子供にもなくてはならない学級の雰囲気になる。

併せて，大切なことは「困ることや困り方も一人一人違う」「困り方が違えば，支援も違う」という支援の多様性への子供の気付きである。「同じ顔の人はいない！一人一人の顔が違うように，得意なことやできることも，苦手なことやできないこともみんな違う！」という感覚の共有は，後述する「共生社会」や「障害者理解教育」の基盤をなす。

② 当てにされる感覚を抱ける

配慮を要する子供だけでなく，子供一人一人の得意・よさ・できることが発揮される学級でありたい。それらが発揮される中でこそ自尊感情や自己肯定感・自己効力感は育まれる。そのためにも，学級集団の中での一人一人の「出番」「役割」「居場所」が必要になる。それは学習活動に限ることではない。係活動であったり，部活動であったり，場合によっては休み時間であったりする。その活動が学級の仲間に「認められ，当てにされている」と子供自身が感じることが大切になる。

③ 目的意識が明確な学級

行事の成功等に向けて仲間と協働する学級全体の目標を明確にする。体育的行事，文化的行事，（泊を伴う）校外行事等は年間を通して考え

ると，多様な子供たちに応じて出番や役割を用意しやすい。つまり，行事は一人一人の得意・よさ・できることに応じて個別化を図りつつ，目標の実現に向けた仲間との協働をめざしやすい。「お互いに力を発揮してみんなと何とかやり遂げた！」という感動とその心地よさを仲間と共有する体験が行事にはある。「仲間と支え合い・力を合わせる」ことの意味を体感する共生社会の原体験となる。

　一方で，例えば，「漢字名人」「計算名人」などのドリルやプリントを活用する取組や「めざせ富士山」「日本一周」などのマラソン等の取組，あるいは，子供たちの趣味にかかわることで目標設定する「頑張りカード」「読書カード」等も大きな励みになる。これらは，配慮を要する子供の個性を発揮しやすく家庭との連携も図りやすい活動になる。行事の充実と合わせて，これらの個別的な目的意識を高める活動を立体的に組織することで，学級全体で高め合い・支え合う雰囲気を醸成したい。

④　支援観の転換

　ア　「困った」子供ではなく，何かに「困っている」子供

　発達障害等の子供は「困った」子供と誤解され，注意・叱責されやすい。そのため，担任の立場では，支援に苦慮することも多い。その際に，「何に困っているのだろう？」と肯定的に「見方」を変える必要がある。いわゆる「問題」行動は，子供がとても「困ること」があり，やむをえない辛い選択として表現されている行動と受け止めたい。

　学年会や特別支援教育コーディネーターをはじめとした関係者で情報共有しながら，子供が「困ること」が少なくなり，「得意」「よさ」「できること」が発揮されるような学級生活を実現したい。

　イ　ルールと逆転の発想

　信号機のような役割を果たす学級の基本的なルールは学級開きの際に明確にしたい。特に大切なルールはできるだけ「見える化」する。「ルー

ルを守ると学級で安心して気持ちよく過ごせる」ことをお互いに実感し合い，確認し合いたい。その際，子供がルールを守らないときを叱るよりも，ルールを守っているとき，ルールを守っている子供をほめる逆転の発想を大切にする。これにより，学級生活と授業は着実に安定感を増し，より過ごしやすい環境が整ってくる。「問題行動を叱って減らすのではなく，問題を起こしていない状態をほめて増やす逆転の発想」と「『得意・よさ・できること』にこそ目を向けて，それらが発揮されるいいとこ応援」を徹底する学級経営でありたい。

なお，文部科学省による「生徒指導提要（令和 4 年 12 月）」では，発達障害に言及しつつ「教科の指導と生徒指導の一体化」という提唱がなされている。そこでは，授業づくりとの関連で「自己存在感の感受を促進する授業づくり」「共感的な人間関係を育成する授業」「自己決定の場を提供する授業づくり」「安全・安心な『居場所づくり』に配慮した授業」が指摘されている。実際の学級経営・授業づくりに際しては「生徒指導提要（令和 4 年 12 月）」も参照したい。

4. 配慮を要する子供をつつみこむ学級経営のこれから

（1）多様性・障害者理解教育を大切にする
① 共生社会の実現に向けて

本章の冒頭でも触れたように，現在の学校教育では「あらゆる他者を価値のある存在として尊重し，多様な人々と協働」（学習指導要領・前文）できる資質・能力の育成をめざしている。

共生社会の実現をめざして「多様性を受け入れる心情や態度を育む」（ガイドライン）ことは時代の要請となっている。解説にも「集団指導において，障害のある児童など一人一人の特性等に応じた必要な配慮等を行う際は，教師の理解の在り方や指導の姿勢が，学級内の児童に大き

く影響することに十分留意し，学級内において温かい人間関係づくりに努めながら，『特別な支援の必要性』の理解を進め，互いの特徴を認め合い，支え合う関係を築いていくことが大切である」（※中・高等学校の解説にも同様の記述）とあるように，多様性を尊重し支え合う学級経営の在り方は今後さらに追究されるべき大きな課題の一つである。

② 実践事例から

ガイドラインには次のような実践例が掲載されている。

Ａさんは，ADHD との診断があり，友達に対して自分の思いや意見を直接的な表現で伝えたり，相手の気持ちを傷つけてしまう言動をしたりすることがあります。Ａさんの学級の担任は，新年度になって，学級をスタートするに当たり，Ａさんも含め全ての児童が，学級の大切な仲間として共に成長できる学級にすることを宣言し，次のような取組を行いました。

① Ａさんとのより良い関わり方を率先垂範

帰りの会に友達の良さを探して発表する機会を設け，Ａさんの思いやりのある言動や当番を丁寧に最後までやり遂げられた様子を，学級の担任自らが伝えました。

② Ａさんの気持ちの代弁

Ａさんが友達と言い争いになった際は，周囲の児童の気持ちをしっかりと聞きながら，Ａさんは友達と関わりたい気持ちとその気持ちを上手く伝えられないことにより，Ａさん自身も困っている状態であることを周囲の児童にも丁寧に伝えました。

③ 規範意識を高める指導の徹底

学級の児童の心ない言動に気付いたら，即座に毅然とした態度で指導し，お互いの人格を大切にすることのできるよう，学級内の規

律の確保に努めました。

　このように，通常の学級の担任がＡさんも含めて学級の児童の気持ちに寄り添う姿勢を繰り返すことで，学級内に支持的な雰囲気が生まれました。この雰囲気は，どの児童も安心して自分の力を存分に発揮できる温かい学級の基盤となりました。

　学級経営における基本的な実践の一つのモデルとして参照したい。

③　特別な支援が「特別」ではなくなるとき

　ある子供への特別な配慮が周りの友達に理解されるためには，3で触れた学級経営のポイントや上に記したような具体的な取組が求められている。単なる「特別扱い」ではなく，「支援や配慮は違っていて当たり前」という文化が醸成されてくると子供たちに安心感が浸透する。そして，ある子供への「特別な支援・配慮」は「めがね」のような自然な支援になり，特別な支援は限りなく特別ではなくなる。多様性を尊重する寛容な態度はこのような温かな学級文化の中でこそ育まれる。

（2）個別の教育支援計画・個別の指導計画に基づく開かれた学級経営

① 個別の教育支援計画・個別の指導計画に基づいて

　学校の姿勢として校外との連携が十分ではない点を冒頭で指摘したが，先の調査は「学習面又は行動面で著しい困難を示すとされた児童生徒について，校内委員会において特別な教育的支援が必要と判断されている割合は，推定値 28.7％（高等学校：推定値 20.3％）である」と指摘している。すなわち，校内においても十分な連携支援が展開されていない点が危惧される。

　「障害のある児童などについては，家庭，地域及び医療や福祉，保健，労働等の業務を行う関係機関との連携を図り，長期的な視点で児童への

教育的支援を行うために，個別の教育支援計画を作成し活用することに
努めるとともに，各教科等の指導に当たって，個々の児童の実態を的確
に把握し，個別の指導計画を作成し活用することに努めるものとする」
（本文）とあるように，計画書の作成と活用を通して校内外の関係者と
連携する開かれた学級経営が求められている。

② 個別の教育支援計画・個別の指導計画に基づく「引継ぎ」の重要性

　ガイドラインでは「進級時や進学時には，保護者の同意を得ながら，
個別の教育支援計画や個別の指導計画を活用し，次に受けもつ教員や進
学先の学校に，具体的な支援内容等を丁寧に引き継ぐことが望まれま
す」としている。「計画・設計段階」からあらかじめ配慮する「事前支
援型」のユニバーサルな学級経営の展開のためには上記の計画書に基づ
く「引継ぎ」が欠かせない前提となることを改めて確認しておきたい。

（3）保護者との連携・協働

　ガイドラインにも「通常の学級の担任は，保護者が児童等の教育に対
する第一義的に責任を有する者であることを意識し，保護者と協働し
て，支援を行います」とある。子供はもちろんであるが，保護者も
「困っている」現実がある。保護者との連携・協働の前提には「自分が
その子供の保護者だったら……」という思いが大切になる。

　個別の教育支援計画に基づき保護者とも目標や具体的な配慮を共有
し，連携・協働することが教育効果を一層高めることは言うまでもな
い。そのためにも，保護者の思いに寄り添い，日常的な情報共有を大切
にしながら保護者との信頼関係を築きたい。

　また，先に周りの子供に「多様性を受け入れる心情や態度を育む」重
要性を指摘したが，併せて「周りの保護者の理解」が不可欠である点も
確認したい。すなわち，共生社会の実現に向けて保護者の特別支援教育

第 11 章　通常の学級における学級経営と発達障害支援　｜　**163**

に対する理解・啓発を行う学校・学級経営の在り方も引き続き追究したい。

（4）様々な教育課題と一体的に推進する

　文部科学省は「『令和4年度　児童生徒の問題行動・不登校等生徒指導上の諸課題に関する調査』において，令和4年度の国立，公立，私立の小・中学校の不登校児童生徒数が約29万9千人（過去最多），うち学校内外で相談を受けていない児童生徒数が約11万4千人（過去最多），小・中・高・特別支援学校におけるいじめの認知件数が約68万2千件（過去最多），うち重大事態の発生件数が923件（過去最多）等の結果が明らかになりました」として，「「不登校・いじめ緊急対策パッケージ」及び文部科学大臣メッセージ」（令和5年10月）を発出した。「誰一人取り残されない学びの保障に向けた不登校対策」（COCOLO プラン）が同年3月に公表されていたが，先の調査結果を踏まえて「緊急対策パッケージ」としてさらなる推進を提唱したことになる。不登校，いじめ等の生徒指導上の困難さを抱える子供たちも，何らかの特別な配慮を必要としていることは言うまでもない。

　さらに，文部科学省（同年7月）は「不登校児童生徒の支援に係る情報提供等について」を発出しており，「学校の風土等を把握するためのツール」「一人一台端末を用いたアプリ等の健康観察・教育相談システム一覧」を紹介している。これらの取組は本章で触れてきた学校経営・学級経営の考え方の方向性と軌を一にする，活用性と有用性の高いツールやシステムである。そして，その基底にある思想は「みんなが安心して学べる」学校であり，「快適で温かみのある」「誰一人取り残されない」ユニバーサルな学級経営の追究であることは言うまでもない。

　どの子供たちにとっても「学級」は，正に「ホームルーム」であり家

庭のような最も居心地の良い居場所でなければならない。様々に提唱される教育施策は最終的にはその「学級」の中でこそ具現化される必要がある。その意味では，様々な施策と特別支援教育とを常に一体的に推進し，よりよい「学級経営」を追究する姿勢が求められている。

学習課題

1. 通常の学級における特別支援教育の展開に際して，なぜ学級経営の改善が求められ，具体的にどのようなポイントがあるか考えてみよう。
2. 通常の学級におけるこれからの学級経営に求められるポイントについて考えてみよう。

引用・参考文献

文部科学省『生徒指導提要　令和4年12月』東洋館出版社，2023年
文部科学省『小学校学習指導要領（平成29年告示）』東洋館出版社，2018年
文部科学省『小学校学習指導要領（平成29年告示）解説　総則編』東洋館出版社，2018年
文部科学省「発達障害を含む障害のある幼児児童生徒に対する教育支援体制整備ガイドライン～発達障害等の可能性の段階から，教育的ニーズに気付き，支え，つなぐために～」2017年
文部科学省「通常の学級に在籍する特別な教育的支援を必要とする児童生徒に関する調査結果（令和4年）について」2022年
桂聖『理事長挨拶－すべては，子どもたちのために－』日本授業UD学会（http://www.udjapan.org/massage.html）
佐藤愼二『通常学級の「特別」ではない支援教育－校内外支援体制・ユニバーサルデザイン・合理的配慮－』東洋館出版社，2022年

12 | 通常の学級における授業づくりと発達障害支援

佐藤愼二

《**目標＆ポイント**》 発達障害等による困難さを踏まえたきめ細かな指導や支援について理解し，授業の具体的な場面を想定しどの子供もつつみこむユニバーサルな授業づくりとその改善の視点について概説する。
《**キーワード**》 発達障害，ユニバーサルデザイン，授業づくり

1. 通常の学級における多様な現実と授業

「通常の学級に在籍する特別な教育的支援を必要とする児童生徒に関する調査結果（令和4年）」（令和4年12月，文部科学省）において，知的発達に遅れはないものの学習面や行動面で著しい困難を示す児童生徒数の割合は，小学校・中学校においては推定値8.8%と報告された。第10章，第11章において触れてきたように，通常の学級には「多様」な現実がある。

学校経営，学級経営については既に概説してきたが，子供の立場では「学校生活の中心は紛れもなく授業」である。子供たちが実際に「困る」のは授業中であることが多い。「授業」を検討することは，通常の学級における特別支援教育の中心的な課題である。

小学校学習指導要領（平成29年告示）解説総則編（以下，解説と記す）には，「分かる喜びや学ぶ意義を実感できない授業は児童にとって苦痛であり，児童の劣等感を助長し，情緒の不安定をもたらし，様々な

問題行動を生じさせる原因となることも考えられる」という厳しい指摘もある。なお，同様の記載は中学校・高等学校の解説にもある。

本章では，担任や学校だけで抱えない校内外連携支援体制の構築や学級経営の展開を基盤として「授業」に焦点を当てる。発達障害等の配慮を要する子供をつつみこむ通常の学級におけるユニバーサルな「授業」の在り方について検討する。なお，ユニバーサルデザインの考え方については第11章と同義とする。

2. 学習指導要領等における授業改善の視点

（1）学習指導要領における改善の視点

小学校学習指導要領本文（以下，本文と記す。なお，中学校・高等学校にも同様の記載）の各教科等には「指導計画の作成と内容の取扱い」という項目がある。そこでは「障害のある児童などについては，学習活動を行う場合に生じる困難さに応じた指導内容や指導方法の工夫を計画的，組織的に行う」と示されている。

さらに，解説では「通常の学級においても，発達障害を含む障害のある児童が在籍している可能性があることを前提に，全ての教科等において，一人一人の教育的ニーズに応じたきめ細かな指導や支援ができるよう，障害種別の指導の工夫のみならず，各教科等の学びの過程において考えられる困難さに対する指導の工夫の意図，手立てを明確にすることが重要である」と指摘した上で，具体的な「工夫」を例示している。ここでは，小学校の「国語」を例に引用する。

・文章を目で追いながら音読することが困難な場合には，自分がどこを読むのかが分かるように教科書の文を指等で押さえながら読むよう促すこと，行間を空けるために拡大コピーをしたものを用

意すること，語のまとまりや区切りが分かるように分かち書きされたものを用意すること，読む部分だけが見える自助具（スリット等）を活用することなどの配慮をする。

・自分の立場以外の視点で考えたり他者の感情を理解したりするのが困難な場合には，児童の日常的な生活経験に関する例文を示し，行動や会話文に気持ちが込められていることに気付かせたり，気持ちの移り変わりが分かる文章の中のキーワードを示したり，気持ちの変化を図や矢印などで視覚的に分かるように示してから言葉で表現させたりするなどの配慮をする。

・声を出して発表することに困難がある場合や，人前で話すことへの不安を抱いている場合には，紙やホワイトボードに書いたものを提示したり，ICT機器を活用して発表したりするなど，多様な表現方法が選択できるように工夫し，自分の考えを表すことに対する自信がもてるような配慮をする。

なお，学校においては，こうした点を踏まえ，個別の指導計画を作成し，必要な配慮を記載し，翌年度の担任等に引き継ぐことなどが必要である。

教科の特性に応じてかなり具体的な提案をしていることが分かる。例えば，上記の「自分がどこを読むのかが分かるように教科書の文を指等で押さえながら読む」は，「指追い読み（指たどり読み）＝教師が読んだ後に子供が文字を指で追いながら読む丁寧な音読指導」として，これまでも通常の学級の授業の中で活用されてきたものである。つまり，既にある指導法を発達障害等の特徴も踏まえ，ユニバーサルデザインの視点から見直し，発展的に活用する重要性が示唆されている。

（２）「発達障害を含む障害のある幼児児童生徒に対する教育支援体制整備
　　ガイドライン～発達障害等の可能性の段階から，教育的ニーズに
　　気付き，支え，つなぐために～」における改善の視点

この「ガイドライン」（以下，ガイドラインと記す）は，平成29年3月に文部科学省が示したものである。そこでは，「全ての児童等にとって，分かる，できる，楽しい授業であることが求められます。特別支援教育の視点を生かした授業を創意工夫することで，教育上特別の支援を必要とする児童等だけでなく，全ての児童等にとって『分かる，できる，楽しい授業』になります」としている。

具体的には「言葉だけを使った授業よりも，次のような授業スタイルが全ての児童等に有効」として，以下を例示している。

○授業のねらいと内容を明確にした上で，めあてや学習の流れ等を
　板書その他の方法で視覚化する。
○授業の開始，終了時刻を事前に伝える。
○発表のルールを明示するなど，話し方や聴き方を提示する。
○教室内の座席配置や設営を工夫する。

特別支援教育の視点を生かした授業が全ての子供にとって「分かる，できる，楽しい」ユニバーサルな授業になる点を指摘している。

（３）文部科学省「発達障害の可能性のある児童生徒等に対する
　　教科指導法研究事業」の成果報告書から

文部科学省による「特別支援教育実施事業」の一つである「発達障害の可能性のある児童生徒等に対する教科指導法研究事業」の成果報告書には，各自治体等の取組が掲載されており，授業の「ユニバーサルデザ

イン」に言及するケースが多い。

　同様に各自治体の教育センター等のホームページには，通常の学級に向けて特別支援教育の視点を加味したユニバーサルな「授業づくり」に関するガイドブック等が数多く公表されているので，ぜひ参考にしてほしい。

（4）通常の学級における発達障害等の子供たちへの支援の階層性

　第10章，第11章でも既に触れてきたように，発達障害等の子供たちへの具体的な支援は，通常の学級のみならず特別支援学級（第13章），通級指導教室（第14章），特別支援学校（第15章）との連続性のある「多様な学びの場」や校内外支援体制の構築等を基盤に展開される。それらを通常の学級の視点から整理すると次のような構造になっている。

① 　第一層：ユニバーサルデザインによる支援の工夫

　通常の学級担任による集団全体への一斉指導における支援の工夫である。第11章で触れたユニバーサルな学級経営を基盤に，どの子供も過ごしやすく学びやすい教室環境の整備や座席配置への配慮，授業のルールの明確化や実際の授業展開における教師の指示・説明等を含む具体的な工夫である。

② 　第二層：個に応じた支援・合理的配慮の提供

　上記の第一層の集団全体への一斉指導におけるユニバーサルな支援の工夫を前提に，子供に応じた個別的な支援，合理的配慮の提供を検討する段階である。例えば，「障害のある子供の教育支援の手引～子供たち一人一人の教育的ニーズを踏まえた学びの充実に向けて～」（令和3年6月，文部科学省。以下，手引と記す）には「例えば，聴覚の過敏による苦手な音が聞こえた際に，自ら音量を調節する器具を使用」する等が例示されている。つまり，第二層での支援は集団全体への一斉指導にお

ける子供の障害やニーズに応じた「個別的な支援」になる。

③　第三層：個別的な指導の場の提供や人的支援

　第一層や第二層の支援を前提にした最も個別性の高い支援である。通級指導教室等における個別指導や小グループ指導，あるいは特別支援教育支援員を通常の学級に配置する，さらには特別支援学級への転籍の検討など，指導の場そのものの検討や人的な支援を伴う場合である。

　いずれの層の支援も「個別の教育支援計画」「個別の指導計画」に基づき，校内外支援体制の中で検討・実践されることになる。以下，第一層の「集団全体への一斉指導におけるユニバーサルな支援の工夫」の具体について検討する。

3.　授業におけるユニバーサルデザインの実践的展開

　通常の学級における授業づくりに際して「視覚化」「視覚的焦点化」「視覚支援」「見える化」等の表現で，「視覚情報」の活用を積極的に図る重要性が指摘されている。そこで，本項ではまず「視覚」にかかわるユニバーサルな工夫のポイントを検討したい。

（1）視覚情報の整理とユニバーサルな活用

① 　視覚情報のユニバーサルな意義

　手引では，自閉症の特性に言及し「絵カードや写真等を用いるなど視覚的に情報を得やすいようにして，これから行われようとしていることに見通しをもてるようにする」「複数の指示や口頭による指示を理解することの困難さに対して，板書で指示を視覚的に示す」，学習障害への配慮として「ノートに写すべき部分を色分けしたりするなどの配慮」，注意欠陥多動性障害への配慮として「注目すべき箇所を色分け」「見逃し，書類の紛失等が多い場合には伝達する情報を整理して提供する」等

を例示している。一方で「掲示物の整理整頓・精選」の必要性に言及し，「注意の困難に対して，余分な刺激を減らすことができるように，黒板の周囲の掲示物を減らしたり」する工夫を提案している。

授業で想定される視覚情報のメリット・デメリットを整理すると以下のようになる。

○消えない－何度でも再確認することができる。

○全体の把握や終点の確認ができる－逆に，見えない話し言葉は「いつ終わるのか」が不明である。

○色の違い・大小・濃淡によって焦点化しやすい。

○情報量が多すぎると逆に「何を見るのか」焦点化しにくくなる…等。

視覚情報の効果的な活用によって，どの子供も学びやすい授業の工夫が可能になる。

② 視覚情報の活用例（1）－教室環境の整備

ア 教室正面

教室の正面には「黒板」「整理棚」「掲示板」等が設置され，掲示物等が貼り出されている。多くの授業で子供たちはその正面に向かって座る。つまり，教室正面は常に子供の目に入る最大の視覚情報になる。その意味では，教室正面の整備は視覚情報を活用する上で大切なポイントになる。「映画館のスクリーンのように！」という喩えがあるように，教室正面の掲示物を減らし，黒板の周りをきれいにすることで，授業で必要な視覚情報とそうでないものの弁別を図りやすくする。

イ スケジュール・手順・ルール等の「見える化」

手引では自閉症への支援の一つである「構造化」に言及し，どの子供にも有効であるとしている。例えば，「物理的な構造化」として，棚等の配置により，物を置く場所を物理的に分かりやすいように境界を設ける，「時間の構造化」として1日の流れや授業のスケジュールを「文字

で示すだけでなく，写真や絵を用いたカードを活用する」等を例示している。

　また，「課題の構造化」として複数の細かな手順がある課題については「手順を順に示す写真を見ながら行うようにする」ことで見通しをもって課題に取り組みやすくする等が示されている。

　教室の整理整頓と特に教室正面の（授業に関係のない）余分な視覚情報を整理した上で，スケジュールや活動の手順をできる範囲で「見える化」することはユニバーサルな授業のポイントの一つになる。

③　視覚情報の活用例（2）－授業での具体例

　見やすい教室正面で展開される授業での具体的な実践例を紹介する。

　ア　めあて等の「見える化」

　日付，授業のめあて，教科書の頁，授業の流れはできる限り「見える化」し，いつでも再確認できるようにする。

　イ　貼り物・補助的用具・ICT 機器の活用

　単元計画表を必要に応じて活用することで「今日はどの部分をやるのか」分かりやすく示したり，単元に関連する実物を見たり，写真や教科書の挿絵，本文の拡大コピーが示されたりすることで，子供はよりイメージしやすくなる。

　また，授業のポイントを色違いのチョークで示すだけでなく，「矢印のカード」を貼り付けて強調したり，あえて「吹き出し黒板」に板書したり，指示棒を使ったりする。それらにより，子供の注目度は一層高まる。国語の授業等では気持ちを色で表したり，表情カードで考えたりすることも有効である。さらには，大型テレビや電子黒板，タブレットの活用等によってよりユニバーサルな展開が可能になる。

　ウ　見せ方の工夫・演出

　「見える物」をただ示すだけでなく，部分だけを見て考えたり，ブ

第12章　通常の学級における授業づくりと発達障害支援 | **173**

ラックボックスから取り出して見せたりする。それにより，視覚的集中力も高まり子供の授業への期待感を一層かき立てる。

（2）教師の指示・説明のユニバーサルな工夫
① 子供が「聞く」活動の難しさ

　手引には自閉症への聴覚過敏に対する具体的な配慮が示されている。また，注意欠陥多動性障害に関しても「注意機能の特性により，注目すべき箇所が分からない，注意持続の時間が短い，他のことに気を取られやすい……」ため，口頭での指示への配慮が例示されている。

　発達障害の有無にかかわりなく「聞く」活動は，私たち大人にとっても－「聞き逃し」「聞き間違い」という言葉に象徴されるように－決して簡単なことではない。以下，具体的に確認してみたい。

○話し言葉は目に見えない－消えてなくなるため，再確認できない。

○長い話－聞いていても話の要点をつかみづらい。

○聞く活動は終点が不明確－書かれた言葉・文章は終わりが分かるが，話し言葉は終わりが分からない。

○周りがうるさい－聞くことに集中しづらい。

○座って静止して話を聞く時間が長いと集中力が落ちる…等。

　子供が「聞く」活動は，教師の指示・説明の仕方や周りの静けさ等の影響を受けやすいことが分かる。

② 静けさを大切にする

　例えば，教科書をめくったり，鉛筆で書いたりする音までは防げない。しかし，水槽は廊下に置くことで避けることができる。防げる音はできるだけ防ぐことは聴覚過敏の子供には「ないと困る支援」になり，どの子供にも「あると便利で・役に立つ」集中力を高める支援になる。

　また，授業中の私語をなくし教師の指示等を「聞きやすい」状況をつ

くる。普段は元気いっぱいで良い。しかし,「聞くべき時に静かにできる」ことは正にユニバーサルな状況をつくり出す。そのためにも単に「おしゃべりをしない」という態度価値だけでなく「話を聞いてもらえると心地よい」ということを学級全体で確認し合うことが大切になる。

③ 聞く姿勢を大切にする

　低学年ならば,姿勢の良い状態を描いたカード等で「見える化」する。高学年,中学生でも,「背筋を伸ばす」等の具体的な指示を入れながら,姿勢の大切さを確認したい。また,「聞く名人『あいうえお』」(＝「あいてを見て・いっしょうけんめい・うなずきながら・えがおで・おわりまで」)等,聞き方についても子供たちと折に触れて確認する。

④ 教師の話し方のユニバーサルな工夫

　ア　話し言葉を減らし要点に焦点化する

　「授業中の先生の長い話は外国語のようだった」という喩えがある。先に触れたように,話は終わりが見えない。よほど興味ある話題でない限り,終点が不明確なものに集中し続けるのは容易ではない。話し言葉はできるだけ減らして要点に焦点化する。長い場合は,「三つ話します。一つ目は……」のように終点を示し,必要に応じてポイントは板書し「見える化」するなどして,どの子供も聞き取りやすくする。

　イ　一文一動詞の話し方を大切にする

　「教科書の36ページを開いたら,問題の4番をやります」というような一文に二つ以上の指示「動詞」が入る話は大人でも聞き落としやすい。「教科書の36ページを開きます」「問題の4番です」と一つずつ聴覚記憶の箱の中に入れるイメージがよりユニバーサルな支援になる。必要に応じて,板書で「P 36－4」と「見える化」する。

　ウ　一時一作業と前置きの指示を大切にする

　子供がノートテイクを始めているにもかかわらず,教師が指示をする

ことがある。それは「書くことに集中するのか，聞くことに集中するのか」焦点化されない状況を招くことになる。「一時」に「二作業」は大人でも困難を伴う。

大事な指示ならば，「鉛筆を置きます」「手は膝です」等の前置きをする。それにより，「聞く」という「一作業」に焦点化する。授業を録画すると，聞くべき時に「窓の外を見ている，手イタズラや落書きをしている……」子供は少なくない。聞いていなかった子供を叱るのではなく，話を聞くスタートラインに立てるような事前支援を何より大切にする。そのためにも，「前置きの指示」を大切にしたい。

エ　聴覚的焦点化を大切にする

聞いてほしい言葉を鮮明にする聴覚的焦点化を図るには，間を取って話す，ゆっくり話す，早口や小声で話す等の話のリズムとテンポや声の大きさ等を変える工夫をする。

（3）「動き」の意義とそのユニバーサルな活用

①　「動き」の重要性

いわゆる「多動性」は授業中の離席という形で現れやすいため注意叱責の対象になることが多い。第7章で触れたとおり，「多動性」への理解が必要であり，その支援には配慮が求められている。

例えば，「多動性」の強い子供は「動き」が得意な子供と「見方」を変えてみる。手引では注意欠陥多動性障害の子供の支援に触れ「じっとしていることが苦手な場合には，意図的に役割を与え動くことが許容される場面を設定する」とある。つまり，「動き」そのものを積極的に受け止め「動き」にかかわる活動を設定することになる。

一方で，私たち大人でも「見る」「聞く」だけの活動では，注意集中力が落ちることがある。子供はなおのことだろう。しかし，「動き」が

入ることで注意集中力が維持されることがある。すなわち，「動き」は多動性の高い子供には「ないと困る支援」であり，どの子供にも「あると便利で・役に立つ支援」になる。

② 「動き」のユニバーサルな活用例

ア　多感覚器官の同時活用

例えば，音読は「目で見て」「声に出して」「耳で聞く」多感覚器官の「動き」を同時につくり出す。全員で起立して音読する等も効果が高い。漢字，地図記号，英単語等のフラッシュカードを「見て」「声に出し」「聞く」，あるいは全員が正答できる復習的なクイズ等に全員で声に出して答える等も多感覚器官の「動き」になる。

また，「かけ算九九の歌」や「替え歌で歴史年号」等を覚える，さらには，「いいはこ（1185）つくろう鎌倉幕府」等の語呂合わせで「唱えて覚える」等の工夫は子供たちが自分の得意な覚え方に気付くという「学び方の多様性」という観点からも極めて意味のあるユニバーサルな支援といえよう。

イ　手指や腕の動き

漢字やアルファベットの「空書き」（＝指や手で空中にその文字を書く）は，形を目の前に書くことで覚える方法であり，同時に指や手の「動き」でもある。賛成・反対・考え中等を意思表明する挙手や「○・×・△」を頭の上で腕を使って表現する等も「動き」である。

ウ　ペア活動・グループワーク等の積極的活用

隣の友達と意見交換する，班の形になってグループで意見交換する等は「動き」として意味も大きい。また，ヒントコーナーやフリーウォークトーキング，全員で黒板の前に集まって教師の話を聞く，黒板の意見コーナーに自分のネームカードを貼ったりする等の「動き」で救われる子供は多い。

エ 「動き」で表現する

国語の授業の例であるが，物語文の内容を簡単に劇化したり，「風が
ビュービュー吹く」のようなオノマトペ言葉を動きで表現したりするこ
とで，登場人物の気持ちや場面をよりリアルに考える等も「動き」が入
ることになる。また，ペア活動の発展として，一人の子供がある場面を
読み取った内容を動きのみで表現し，隣の子供は「それはどんな意味？」
のように質問をすることで，より深く学ぶ。これらの動作化と共有化は
正にユニバーサルな支援になる。

4. 通常の学級における授業づくりのこれから

（1）個別最適化された協働的な学びへ

「「令和の日本型学校教育」の構築を目指して〜全ての子供たちの可能
性を引き出す，個別最適な学びと，協働的な学びの実現〜（答申)」（令
和3年，中央教育審議会)，「特定分野に特異な才能のある児童生徒への
支援の推進事業について」（令和5年，文部科学省）に注目したい。

「個別最適な学び」の連続線上に，個に応じる「合理的配慮」が位置
付くことは言うまでもない。そして，「多様な他者と協働しながら，あ
らゆる他者を価値のある存在として尊重」することをめざす「協働的な
学び」は一人でも多くの子供を包括しようとするユニバーサルデザイン
の理念そのものである。多様な「個に応じる」支援を個別最適化しつ
つ，仲間との生活と学びを協働化・共有化するユニバーサルな学級経営
と授業づくりの追究が今後も求められている。

（2）不断の授業研究に取り組んで

本文には「児童や学校の実態に応じ，個別学習やグループ別学習，繰
り返し学習，学習内容の習熟の程度に応じた学習，児童の興味・関心等

に応じた課題学習，補充的な学習や発展的な学習などの学習活動を取り入れることや，教師間の協力による指導体制を確保することなど，指導方法や指導体制の工夫改善により，個に応じた指導の充実を図ること。その際，第3の1の(3)に示す情報手段や教材・教具の活用を図ること」とある。「第3の1の(3)」とはコンピュータ等である。

　今後はタブレット端末等の ICT 機器を活用する授業のあり方も含め，どの子供もつつみこむユニバーサルな支援を検討する授業研究（会）の活性化がますます求められている。

学習課題

1. 発達障害等の子供に配慮することで，なぜ通常の学級における授業がよりよくなるのかを考えよう。
2. 通常の学級における授業のユニバーサルな改善の視点を具体的に考えてみよう。

引用・参考文献

文部科学省「発達障害の可能性のある児童生徒等に対する教科指導法研究事業成果報告書」（https://www.mext.go.jp/a_menu/shotou/tokubetu/main/006/h30/1420871.htm）
文部科学省『小学校学習指導要領（平成 29 年告示）』東洋館出版社，2018 年
文部科学省『小学校学習指導要領（平成 29 年告示）解説 総則編』東洋館出版社，2018 年
文部科学省『小学校学習指導要領（平成 29 年告示）解説 国語編』東洋館出版社，2018 年
文部科学省「発達障害を含む障害のある幼児児童生徒に対する教育支援体制整備ガ

イドライン〜発達障害等の可能性の段階から，教育的ニーズに気付き，支え，つなぐために〜」2017 年

文部科学省「通常の学級に在籍する特別な教育的支援を必要とする児童生徒に関する調査結果（令和 4 年）について」2022 年

文部科学省「通常の学級に在籍する障害のある児童生徒への支援の在り方に関する検討会議報告」2023 年

文部科学省『障害のある子供の教育支援の手引〜子供たち一人一人の教育的ニーズを踏まえた学びの充実に向けて〜』ジアース教育新社，2022 年

佐藤愼二『通常学級の「特別」ではない支援教育－校内外支援体制・ユニバーサルデザイン・合理的配慮－』東洋館出版社，2022 年

13 | 特別支援学級における支援の実際

佐藤愼二

《目標＆ポイント》　自閉症・情緒障害特別支援学級等における自立活動を含む特別の教育課程の編成と学級経営，個別の指導計画に基づく自立活動等の授業設計とその改善，交流及び共同学習等について概説する。
《キーワード》　自閉症・情緒障害特別支援学級，自立活動，特別の教育課程，交流及び共同学習

1. 自閉的・情緒障害特別支援学級とは

（1）特別支援学級とは

　学校教育法第81条第1項には「幼稚園，小学校，中学校，義務教育学校，高等学校及び中等教育学校においては，次項各号のいずれかに該当する幼児，児童及び生徒その他教育上特別の支援を必要とする幼児，児童及び生徒に対し，文部科学大臣の定めるところにより，障害による学習上又は生活上の困難を克服するための教育を行う」とあり，障害のある幼児，児童及び生徒の教育的支援は，通常の学級も含め，どの教育の場でもなされることが示されている。

　その上で，同81条第2項で「小学校，中学校，義務教育学校，高等学校及び中等教育学校には，次の各号のいずれかに該当する児童及び生徒のために，特別支援学級を置くことができる。一　知的障害者，二　肢体不自由者，三　身体虚弱者，四　弱視者，五　難聴者，六　その他障害のある者で，特別支援学級において教育を行うことが適当なもの」

と規定している。

　他章でも触れているように，障害等のある児童生徒の学びの場は，その教育的ニーズに応じて，柔軟に検討される時代になっている。特別支援学級は，障害のある児童生徒により充実した教育を行うために設置する特別な学級で，通常の学級，特別支援学校，通級による指導と同様に，「多様な学びの場」の一つとして機能している。なお，特別支援学級は，少人数の学級編制（1学級8名。「公立義務教育諸学校の学級編制及び教職員定数の標準に関する法律」第3条による）ができることに加えて，以下に触れるように児童生徒の様子に応じて，柔軟に教育課程を編成できるようになっている。

（2）自閉症・情緒障害特別支援学級の対象となる児童生徒
① 特別支援学級の対象となる障害の種類

　文部科学省「障害のある児童生徒等に対する早期からの一貫した支援について（通知）」（平成25年10月）によって定められている。同通知では，「ア　知的障害者，イ　肢体不自由者，ウ　病弱者及び身体虚弱者，エ　弱視者，オ　難聴者，カ　言語障害者，キ　自閉症・情緒障害者」としている。さらに，本章で取り上げる自閉症・情緒障害特別支援学級の主な対象となる自閉症・情緒障害について以下のように示している。

一　自閉症又はそれに類するもので，他人との意思疎通及び対人関係の形成が困難である程度のもの

二　主として心理的な要因による選択性かん黙等があるもので，社会生活への適応が困難である程度のもの

「障害のある子供の教育支援の手引～子供たち一人一人の教育的ニーズを踏まえた学びの充実に向けて～」（令和3年6月，文部科学省。以下，手引と記す）によれば，上記の一に示されている程度のものが，自閉症の対象となるものである。自閉症の詳細については第8章にて解説した通りである。二で示されている程度のものが，情緒障害の対象となるものである。選択性かん黙等の情緒障害があるために，通常の学級での学習では十分な指導の効果を上げることが困難であり，集団生活への参加や社会的適応のための特別な指導を行う必要がある児童生徒が対象となる。以下，本章では一で示されている自閉症の対象となる困難さを抱える児童生徒の支援を中心に取り上げる。

② 特別支援学級の対象となる自閉症の児童生徒の様子

手引では「通常の学級における一斉の学習では，学習活動に参加している実感・達成感をもつことが難しいことから，情緒的に不安定になってしまったり，情緒が不安定になった際に具体的な方法を通して落ち着きを取り戻す経験を繰り返し積んでいく必要があったりする状態」「人との意思疎通やコミュニケーションに関する特別な指導が必要であることに加え，通常の学級において環境の調整を行っても，本人が集団での学習に不安を感じるために，学習活動に参加している実感・達成感をもちづらく，小集団での特別な指導が教育活動全体を通じて必要な状態」である場合は，特別支援学級での指導を検討するとしている。

なお，手引では，知的障害を併せ有している自閉症の児童生徒について「各教科を特別支援学校（知的障害）の各教科に替える必要がある場合は，知的障害特別支援学級で学ぶことについても十分検討する必要がある」としている（なお，「知的障害特別支援学級」については『知的障害教育総論'25』放送大学出版会を参照）。

また，学習障害（第6章），注意欠陥多動性障害（第7章），自閉症

（第8章）は中枢神経系に何らかの機能不全があると推定される。それぞれの障害の状態を併せ有する場合もあり，その程度や重複の状態は様々である。そのため，自閉症・情緒障害特別支援学級には自閉症を中心にそれぞれの障害の状態を併せ有する児童生徒が在籍していることが多い。

それらの児童生徒の中には通常の学級における支援（第11，12章），あるいは通常の学級に在籍しながら通級による指導（第14章）を組み合わせた支援によって十分な教育を提供できることもある。しかし，それらでは特別な支援を十分に行うことが難しい場合には，少人数のきめ細かい支援が日常的に可能な自閉症・情緒障害特別支援学級を選択することになる。

（3）自閉症・情緒障害特別支援学級の設置状況

表13-1 は文部科学省「特別支援教育資料」からの抜粋である。かつ

表13-1　特別支援学級（自閉症・情緒障害及び知的障害）の設置状況と在籍者数の比較

		平成19年度（2007）	令和4年度（2022）
全児童生徒数		10,815,272人	9,303,095人
知的障害	（学級数）	20,467学級	32,432学級
	（在籍者数）	66,711人	156,661人
自閉症・情緒障害	（学級数）	12,727学級	35,515学級
	（在籍者数）	38,001人	183,618人
免許保有率		32.4%	31.0%

※免許保有率－知的障害，自閉症・情緒障害だけでなく，全ての障害種の特別支援学級担任が特別支援学校教諭免許状を保有している割合。
※平成19年（2007）度調査当時の「自閉症・情緒支援特別支援学級」は「情緒障害特別支援学級」との名称であった。

ての特殊教育から特別支援教育への転換が図られた平成19年度と令和4年度の小学校及び中学校特別支援学級（自閉症・情緒障害及び知的障害）の設置状況と在籍者数を比較したものである。

　小学校・中学校の全児童生徒数は大きく減少しているにもかかわらず，自閉症・情緒障害特別支援学級の在籍者数は183,618人（約4.8倍）と増えている。参考までに自閉症の児童生徒が在籍していることもある知的障害特別支援学級も確認すると，156,661人（約2.3倍）と在籍者数が増えている。一方で，担当教員の特別支援学校教諭免許状の保有率は30％台と低く，専門性の担保が求められている。

2. 自閉的・情緒障害特別支援学級の教育課程

（1） 特別の教育課程

　学校教育法施行規則第138条には「小学校，中学校若しくは義務教育学校又は中等教育学校の前期課程における特別支援学級に係る教育課程については，特に必要がある場合は…（中略）…特別の教育課程によることができる」とある。

　小学校学習指導要領解説（以下，解説と記す。なお中学校の解説にも同様の記載）では，「特別支援学級は，学校教育法第81条第2項の規定による，知的障害者，肢体不自由者，身体虚弱者，弱視者，難聴者，その他障害のある者で，特別支援学級において教育を行うことが適当なものである児童を対象とする学級であるとともに，小学校の学級の一つであり，学校教育法に定める小学校の目的及び目標を達成するものでなければならない。ただし，対象となる児童の障害の種類や程度等によっては，障害のない児童に対する教育課程をそのまま適用することが必ずしも適当でない場合がある」と説明される通りである。

　つまり，特別支援学級では，少人数の学級編制に加えて，児童生徒の

障害等の状態に応じて柔軟に特別の教育課程を編成できるようになっている。

（2）特別の教育課程を編成する際の留意事項

小学校学習指導要領（中学校の学習指導要領にも同様の記載）には，次のような記載がある。

イ　特別支援学級において実施する特別の教育課程については，次のとおり編成するものとする。

(ア)　障害による学習上又は生活上の困難を克服し自立を図るため，特別支援学校小学部・中学部学習指導要領第7章に示す自立活動を取り入れること。

(イ)　児童の障害の程度や学級の実態等を考慮の上，各教科の目標や内容を下学年の教科の目標や内容に替えたり，各教科を，知的障害者である児童に対する教育を行う特別支援学校の各教科に替えたりするなどして，実態に応じた教育課程を編成すること。

「障害による学習上又は生活上の困難を克服し自立を図る」ために「自立活動」を取り入れること，さらには，児童生徒や学級の様子に応じて各教科の目標・内容についても柔軟に対応できることが示されている。

（3）自立活動の概要

自立活動は，特別支援学校の教育課程において特別に設けられた指導領域である。その目標は「個々の児童又は生徒が自立を目指し，障害に

よる学習上又は生活上の困難を主体的に改善・克服するために必要な知識，技能，態度及び習慣を養い，もって心身の調和的発達の基盤を培う」（特別支援学校小学部・中学部学習指導要領）ことである。

解説では特別支援学級において実施する特別の教育課程の編成に係る基本的な考え方に触れて，「児童が自立を目指し，障害による学習上又は生活上の困難を主体的に改善・克服するために必要な知識及び技能，態度及び習慣を養い，もって心身の調和的発達の基盤を培うことをねらいとした，特別支援学校小学部・中学部学習指導要領第7章に示す自立活動を取り入れることを規定している」とし，「自立活動の内容として，「健康の保持」，「心理的な安定」，「人間関係の形成」，「環境の把握」，「身体の動き」及び「コミュニケーション」の六つの区分の下に27項目を設けている。自立活動の内容は，各教科等のようにその全てを取り扱うものではなく，個々の児童の障害の状態等の的確な把握に基づき，障害による学習上又は生活上の困難を主体的に改善・克服するために必要な項目を選定して取り扱うものである」と示している。

改めて本書の第5章から第8章を振り返ると，自閉症・情緒障害特別支援学級に在籍する児童生徒が抱える「障害による学習上又は生活上の困難さ」は，特に「心理的な安定」「人間関係の形成」「コミュニケーション」等にかかわる内容が多いことが分かる。

（4）個別の指導計画の作成

先に触れたように，自閉症・情緒障害特別支援学級には自閉症，学習障害，注意欠陥多動性障害等の障害の状態を併せ有する児童生徒が在籍し，その程度や重複の状態は様々である。そのため，自立活動の指導に当たっては，児童生徒一人一人の実態を的確に把握して個別の指導計画を作成し，それに基づいて指導を展開しなければならない。

個別の指導計画の作成に当たっては，児童生徒一人一人の思いや願いも踏まえつつ，障害の状態，発達や経験の程度，興味・関心，得意・不得意，生活や学習環境などについて，本人や保護者等からの聞き取りも踏まえて把握することになる。併せて，それまでの学習状況や将来の可能性を見通しながら，目標と具体的な内容が設定される。その際の考慮点として特別支援学校小学部・中学部学習指導要領では以下が示されている。

> ア　児童又は生徒が，興味をもって主体的に取り組み，成就感を味わうとともに自己を肯定的に捉えることができるような指導内容を取り上げること。
> イ　児童又は生徒が，障害による学習上又は生活上の困難を改善・克服しようとする意欲を高めることができるような指導内容を重点的に取り上げること。
> ウ　個々の児童又は生徒が，発達の遅れている側面を補うために，発達の進んでいる側面を更に伸ばすような指導内容を取り上げること。
> エ　個々の児童又は生徒が，活動しやすいように自ら環境を整えたり，必要に応じて周囲の人に支援を求めたりすることができるような指導内容を計画的に取り上げること。
> オ　個々の児童又は生徒に対し，自己選択・自己決定する機会を設けることによって，思考・判断・表現する力を高めることができるような指導内容を取り上げること。
> カ　個々の児童又は生徒が，自立活動における学習の意味を将来の自立や社会参加に必要な資質・能力との関係において理解し，取り組めるような指導内容を取り上げること。

なお，「個別の教育支援計画」「個別の指導計画」の作成に際しては，必要に応じて，地域の特別支援学級のネットワークを活かしたり，特別支援学校のコーディネーターに支援を依頼したりしながら進めたい。

3. 自閉的・情緒障害特別支援学級の学級経営・授業づくりの実際

（1）児童生徒の様子を把握する

新設学級の場合には，教育委員会の担当者が入級する児童生徒の様子をまとめた資料を保管している。既設学級の場合には，できればフェイス・トゥー・フェイスの引継ぎを前提に，児童生徒の様子を把握する。

○健康・安全上の配慮事項－障害名とその配慮の基本，発作の有無，アレルギー，パニック等の有無
○医療・福祉機関等とのかかわり－医療機関名，服薬の有無とその薬の作用と副作用，児童発達支援センターや民間の療育機関，放課後等デイサービス等とのかかわり
○教育活動の制約の有無－上記に関連してプールや体育的活動，宿泊を伴う活動，校外学習での配慮等の学校生活全般での配慮点
○子供の興味関心，よさ，得意と苦手・不得意－好きな活動，得意な遊び，趣味等
○通学方法・通学路

既設の場合は，通知表のコピー，保護者との個別面談記録，家庭訪問記録，健康調査票，就学支援関係資料，医療機関からの情報資料等も確認する。なお，これらの情報が，先に触れた「個別の教育支援計画」「個別の指導計画」として一括してまとめられている場合もある。

第 13 章　特別支援学級における支援の実際　｜　**189**

　児童生徒の様子を把握する際に大切なことは，得意・よさ・できることに目を向けることである。特に，年度当初はそれらが発揮されるような学級生活・授業づくりを心がけたい。

（2）自立活動の授業づくり

①　6区分27項目で確認

　各教科等の指導を行うことはもちろんであるが，「特別の教育課程」のポイントとなる「自立活動」の授業について概説する。自立活動には先に触れたように6区分27項目が示されているが，それら全てを指導するということではない。児童生徒の実態に応じて必要な項目を選択して指導する。先に(1)で触れた児童生徒の様子の把握に基づいて整理することになる。

　表13-2は6区分27項目を参照しながら，ある児童の様子を簡潔に

表 13-2　6区分27項目に基づいて整理した児童の様子

1　健康の保持
2　心理的な安定
○ゲームで負けそうになると友達を叩くなど不安定になる。
3　人間関係の形成
○思い通りにならないと活動を投げ出してしまうことがある。
4　環境の把握
5　身体の動き
6　コミュニケーション
○乗り物に大変詳しく自分から進んで話す。 ○自分の思いを言葉で分かるように伝えることが難しい。

まとめたものである。

② 指導目標の具体化

　上記を踏まえると，感情のコントロールや自分の気持ちを適切に伝えるための表現方法を身に付けることが課題となっていることが分かる。そこで以下のように目標を設定する。

ア　長期目標－自分の思いを適切に伝えることで感情をコントロールすることができる。

イ　短期目標－「○○ゲーム」で負けそうになったときには深呼吸したり，「タイム」と言ったりすることができる。

　年間（もくしは半期）で達成したい長期目標の下で，その学期（単元期間）中に達成可能と思われる具体的な短期目標を設定する。

　なお，目標設定に際しては「特別支援学校教育要領・学習指導要領解説　自立活動編（幼稚部・小学部・中学部）平成30年3月」を参照したい。例えば，「2 心理的な安定　(1) 情緒の安定に関すること」には「自閉症のある幼児児童生徒で，他者に自分の気持ちを適切な方法で伝えることが難しい場合，自ら自分をたたいてしまうことや，他者に対して不適切な関わり方をしてしまうことがある。こうした場合，自分を落ち着かせることができる場所に移動して，慣れた別の活動に取り組むなどの経験を積み重ねていきながら，その興奮を静める方法を知ることや，様々な感情を表した絵カードやメモなどを用いて自分の気持ちを伝えるなどの手段を身に付けられるように指導することが大切である。ADHDのある幼児児童生徒の場合，自分の行動を注意されたときに，反発して興奮を静められなくなることがある。このような場合には，自分を落ち着かせることができる場所に移動してその興奮を静めることや，いったんその場を離れて深呼吸するなどの方法があることを教え，それらを実際に行うことができるように指導することが大切である。ま

た，注意や集中を持続し，安定して学習に取り組むことが難しいことがある。そこで，刺激を統制した落ち着いた環境で，必要なことに意識を向ける経験を重ねながら，自分に合った集中の仕方や課題への取り組み方を身に付け，学習に落ち着いて参加する態度を育てていくことが大切である」等の具体的な記述もある。目標設定や活動を構想する際に活用したい。

③　具体的な活動の構想

　先の自立活動の解説には「学習指導要領等に示された内容を参考として，個々の幼児児童生徒の実態を踏まえ，具体的な指導内容の設定を工夫することが求められる」とあり，「興味をもって主体的に」取り組む重要性が指摘されている。例えば，①の表によると本児は乗り物に詳しいことが分かる。そこで，乗り物に関連したクイズ，すごろく，ゲームを学級で製作し，ゲームを展開する前に「深呼吸」や「タイム」について確認・約束してスタートする等の活動を用意する。

　実際の授業では教師も率先して「深呼吸」したり，「そろそろ『タイム』をとろうか」と声をかけたりしながら進行する等の配慮を行う。

④　評価と改善

　児童の様子を踏まえながら，ゲームそのものの見直しや教師の具体的な支援について振り返る。目標の達成状況によっては，短期目標にある「深呼吸」「タイム」ではなく，「『（タイム）カード』を掲げてクールダウンコーナーに移動する」等，より達成可能な目標を再検討する。

　以上のように，自立活動の授業づくりには制約が少なく自由度が高い。児童の興味関心や得意を活かしながら，児童が主体的に取り組み，結果として，抱えている困難さを少しでも改善・克服できるような授業を追究したい。

（3）学級経営上の重要事項

①　交流及び共同学習

　手引では特別支援学級の児童生徒が「通常の学級に在籍する子供と共に学ぶ機会を積極的に設けることが重要である」として，「同じ学年の通常の学級にも在籍し，通常の学級の一員としても活動できるような取組を充実」させる交流及び共同学習を提唱している。具体的には学級活動や給食等を挙げ，可能な教科学習についても計画的に実施する必要性を指摘している。

　併せて，「通常の学級で各教科等の授業内容が分かり学習活動に参加している実感・達成感をもちながら，充実した時間を過ごしていることが重要である」としている点にも留意したい。そのため，先に自立活動の授業づくりで触れたようなゲーム等を通常の学級の特別活動等で展開するような発想も含めた実践的な追究が求められている。

　なお，文部科学省は「特別支援学級及び通級による指導の適切な運用について（通知）」（令和4年4月）において「原則として週の授業時数の半分以上を目安として特別支援学級において児童生徒の一人一人の障害の状態や特性及び心身の発達の段階等に応じた授業を行うこと」とし，交流及び共同学習の授業時数の目安を示している点を確認しておきたい。

②　保護者との連携

　保護者の思いには十分に寄り添う必要がある。「自分がその子供の保護者だったら！」とイメージしたい。参観日等で保護者が驚くような子供の姿を実現することにより，「学校でここまでできるなら，家でも頑張ってみよう！」と保護者が思えることが大切である。

　特別支援学級には，一つの学級に異学年の児童生徒の保護者が集うという大きな特色がある。日常的な子育ての悩みや不安，進級や進学に関

しても保護者同士ならではの仲間としての支え合いが機能するように保護者会の工夫をしたい。

学習課題

1. 少子化の傾向にもかかわらず，自閉症・情緒障害特別支援学級の設置数・在籍者が増えている背景について考えてみよう。
2. 自閉症・情緒障害特別支援学級における「特別の教育課程」と授業の実際について，改めて考えてみよう。

引用・参考文献

文部科学省『小学校学習指導要領（平成 29 年告示）』東洋館出版社，2018 年
文部科学省『小学校学習指導要領（平成 29 年告示）解説 総則編』東洋館出版社，2018 年
文部科学省『障害のある子供の教育支援の手引〜子供たち一人一人の教育的ニーズを踏まえた学びの充実に向けて〜』ジアース教育新社，2022 年
文部科学省『特別支援学校幼稚部教育要領 小学部・中学部学習指導要領（平成 29 年 4 月告示）』海文堂出版，2018 年
文部科学省『特別支援学校教育要領・学習指導要領解説 自立活動編（幼稚部・小学部・中学部）』開隆堂出版，2018 年
佐藤愼二『入門 自閉症・情緒障害特別支援学級 小学校 – 今日からできる！自立活動の授業づくり』東洋館出版社，2019 年

14 | 通級による指導の実際

笹森洋樹

《**目標＆ポイント**》 通級による指導における自立活動を中心とした特別の教育課程の編成と教室経営，個別の指導計画に基づく授業設計とその改善，通常の学級との連携等について概説する。
《**キーワード**》 通級による指導，自立活動，特別の教育課程，通常の学級との連携

1. 通級による指導とは

（1）通級による指導のはじまり

　通級による指導とは，小学校，中学校，高等学校の通常の学級に在籍する言語障害，情緒障害，弱視，難聴などの障害がある児童生徒のうち，比較的軽度の障害がある児童生徒に対して，各教科等の指導は主として通常の学級で行いつつ，個々の障害の状態に応じた特別の指導を通級指導教室のような特別の指導の場で行う教育形態である。

　通級による指導は，平成4年3月の通級学級に関する調査研究協力者会議「通級による指導に関する充実方策について（審議のまとめ）」を受け，学校教育法施行規則の一部改正等を行い，平成5年に制度化された。制度化以前にも，言語障害等のある児童生徒を中心に，通常の学級において大部分の教科等の授業を受けながら，障害の状態に応じた特別の指導を受ける現在の通級による指導と同様な教育が行われていた。文部省（当時）は，このような指導を受ける場合の教育課程の取扱いを明

確にするため，学校教育法施行規則の一部改正等を行い，小・中学校において通級による指導という教育の一形態を制度化した。平成18年4月に学校教育法施行規則の一部が改正され，新たにLD（学習障害），ADHD（注意欠陥多動性障害）が通級の対象として加えられた。

（2）高等学校における制度化

また，平成30年より高等学校においても制度化された。それまで，高等学校における障害のある生徒に対する指導や支援については，通常の授業の範囲内での配慮や学校設定教科・科目等により行われており，通級による指導のように特別の教育課程を編成して特別の指導を行うことは制度上できなかった。平成28年3月に高等学校における特別支援教育の推進に関する調査協力者会議により「高等学校における通級による指導の制度化及び充実方策について（報告）」がまとめられ，それを受けて，平成28年12月に学校教育法施行規則の一部を改正する省令等の公布（施行は平成30年4月1日）がされ，高等学校における通級による指導が制度化された。これにより，小学校，中学校，高等学校において特別の教育課程による特別の指導の実施が可能となり，障害による学習上または生活上の困難を改善または克服するための指導が，小学校，中学校から高等学校まで引き継がれることになった。

（3）インクルーシブ教育システムにおける通級による指導

我が国は平成19年に「障害者の権利に関する条約」に署名し，平成24年7月に中央教育審議会「共生社会の形成に向けたインクルーシブ教育システム構築のための特別支援教育の推進（報告）」がまとめられた。同報告では，障害のある子供と障害のない子供が同じ場で共に学ぶことを追求するとともに，個別の教育的ニーズのある子供に対し，自立

と社会参加を見据え，その時点での教育的ニーズに最も的確に応える指導を提供できる，多様で柔軟な仕組みを整備することが重要であり，通常の学級，通級による指導，特別支援学級，特別支援学校といった，連続性のある「多様な学びの場」を用意しておくことが必要であるという考え方が示された。連続性のある「多様な学びの場」の一つとして，今後，通級による指導の機能や役割がさらに重要になると思われる。

2. 通級による指導の概要

（1）通級による指導の対象

　文部科学省「令和4年度通級による指導実施状況調査結果」によれば，通級による指導を受けている児童生徒数は，制度化された平成5年度の 12,259 人から令和4年度には 198,343 人と約 16 倍にまで増加しており，制度は着実に定着してきている。

　通級による指導の対象は，通常の学級での学習におおむね参加でき，一部特別な指導を必要とする程度のものとされている。これは通常の教育課程に加えるあるいはその一部に替える等して特別の教育課程による教育を行う制度であり，通常の学級で教育を受けることを基本としているためである。したがって特別支援学校や特別支援学級に在籍する児童生徒は指導の対象とはならない。

　特別の教育課程が編成できる障害種別については，学校教育法施行規則第 140 条に以下の通り明記されている。

第 140 条　小学校，中学校，義務教育学校，高等学校又は中等教育学校において，次の各号のいずれかに該当する児童又は生徒（特別支援学級の児童及び生徒を除く。）のうち当該障害に応じた特別の指導を行う必要があるものを教育する場合には，文部科学大

臣が別に定めるところにより，第50条第1項（第79条の6第1項において準用する場合を含む。），第51条，第52条（第79条の6第1項において準用する場合を含む。），第52条の3，第72条（第79条の6第2項及び第108条第1項において準用する場合を含む。），第73条，第74条（第79条の6第2項及び第108条第1項において準用する場合を含む。），第74条の3，第76条，第79条の5（第79条の12において準用する場合を含む。），第83条及び第84条（第108条第2項において準用する場合を含む。）並びに第107条（第117条において準用する場合を含む。）の規定にかかわらず，特別の教育課程によることができる。

一　言語障害者

二　自閉症者

三　情緒障害者

四　弱視者

五　難聴者

六　学習障害者

七　注意欠陥多動性障害者

八　その他障害のある者で，この条の規定により特別の教育課程による教育を行うことが適当なもの

　なお，知的障害者については，知的障害者が学習上または生活上の困難を改善・克服するために必要な指導は，生活に結びつく実際的・具体的な内容を継続して行うことが必要であることから，一定の時間のみの指導を行うことはなじまないため，通級による指導の対象とはなっていない。

（2）特別の教育課程の編成

　通級による指導は，障害に応じた特別の指導を通常の教育課程に加え，またはその一部に替えて行う。学校教育法施行規則第140条において，小学校，中学校，義務教育学校，高等学校又は中等教育学校の通常の学級に在籍している児童生徒に対して障害に応じた特別の指導（通級による指導）を行う場合には，特別の教育課程によることができることが示されている。

　学校教育法施行規則第141条では，児童生徒が在籍する学校以外の学校において通級による指導を受ける場合（他校通級）は，当該児童生徒が在籍する学校の校長が，他の学校で受けた授業を在籍する学校の特別の教育課程に係る授業とみなすことができると規定している。

第141条　前条の規定により特別の教育課程による場合においては，校長は，児童又は生徒が，当該小学校，中学校，義務教育学校，高等学校又は中等教育学校の設置者の定めるところにより他の小学校，中学校，義務教育学校，高等学校，中等教育学校又は特別支援学校の小学部，中学部若しくは高等部において受けた授業を，当該小学校，中学校，義務教育学校，高等学校又は中等教育学校において受けた当該特別の教育課程に係る授業とみなすことができる。

　高等学校は，卒業までに74単位以上修得することにより卒業資格が認められる。通級による指導は，年間7単位を超えない範囲で，在学する高等学校等が定めた全課程の修了を認めるに必要な単位数に加えることができる。

（3）特別の教育課程による特別の指導「自立活動」

　小学校学習指導要領または中学校学習指導要領では，通級による指導において特別の教育課程を編成する場合には，「特別支援学校小学部・中学部学習指導要領第7章に示す自立活動の内容を参考とし，具体的な目標や内容を定め，指導を行うものとする」ことが規定された。指導に当たっては，特別支援学校小学部・中学部学習指導要領に示す自立活動の内容を参考とし，児童一人一人に障害の状態等の的確な把握に基づいた個別の指導計画を作成し，具体的な指導目標や指導内容を定め，それに基づいて指導を展開する必要がある。高等学校学習指導要領にも同様の記載がある。

　自立活動の内容については，「健康の保持」「心理的な安定」「人間関係の形成」「環境の把握」「身体の動き」及び「コミュニケーション」の六つの区分及び27の項目が設けられている。自立活動の内容は，各教科等のようにその全てを取り扱うものではなく，個々の児童生徒の障害の状態等の的確な把握に基づき，障害による学習上または生活上の困難を主体的に改善・克服するために必要な項目を選定して取り扱う。特に必要があるときは，障害の状態に応じて各教科の内容を取り扱いながら行うこともできるが，単に学習の遅れを取り戻すことを目的とした指導を行うことはできない。各教科の内容を取り扱う場合でも，障害による学習上または生活上の困難を改善または克服することを目的とする指導として行う。したがって，通級による指導を通常の学級の教科指導として代替することはできない。一人一人の実態に応じた個別の指導計画を作成し，それに基づき指導を行い，目標の達成により評価することになる。

　例えば，読み書き等の学習面に困難さを抱える児童生徒の場合，失敗経験が積み重なり，学習面のつまずきが生活面や行動面に影響を及ぼし

ている場合も少なくない。通級による指導において自分に合った学び方，学習方略を習得するための指導を受けることにより「分かる」「できる」経験を積み，通級による指導で身に付けた学び方や学習方略の手がかり等を通常の学級における学習に生かすことにより，下がりがちだった自己評価や学習意欲を高めていく。また，通常の学級担任等との情報共有により，個別的な支援，合理的配慮へもつながっていく。

　なお，学習障害，注意欠陥多動性障害，自閉症のある児童生徒に対する通級による指導の具体的な内容については，それぞれ第6章，第7章，第8章を参照されたい。

（4）通級による指導の授業時数

　通級による指導の授業時数については，年間35単位時間から年間280単位時間以内の範囲で行うことを標準とする。週あたり1単位時間から8単位時間程度までとなる。なお，学習障害，注意欠陥多動性障害の場合は，年間授業時数の上限は他の障害種と同じであるが，月1単位時間程度でも指導上の効果が期待できる場合があることから，年間10単位時間（月1単位時間程度）が下限となっている。

　特別な教育課程の編成では，障害に応じた特別の指導を通常の教育課程に加え，またはその一部に替えて行う。教育課程の一部に替える場合は，他の児童生徒が授業を受けている時間に通級による指導を受けることになり，対象となる児童生徒の全体の授業時間数は他の児童生徒と変わらない。一方，教育課程に加える場合は，放課後等の授業時間外に通級による指導の時間を受けることになり，全体の授業時間数は他の児童生徒に比べて増えることになる。授業時間数は，対象となる児童生徒の負担の軽減等も考慮して設定する必要がある。

（5）個別の指導計画の作成と評価

　通級による指導は，アセスメントをもとに個別の指導計画について，Plan（計画），Do（実行），Check（評価），Action（改善）というPDCAサイクルを機能させることが重要である。個別の指導計画の作成は，行動観察をもとに，児童生徒の実態についての現状把握から始まる。

　実態把握では，課題や困難な点ばかりに焦点を当てるのではなく，できていることや少しの支援により達成可能なことなどにも注目する。学級集団の実態，教師と児童生徒の関係，児童生徒同士の関係等の情報の整理が，学級経営や生徒指導の見直し，授業改善等にもつながっていく。

　個別の指導計画に基づき指導を実践し，指導の成果をできるだけ客観的に評価するためには，指導目標が重要になる。目標設定があいまいでは，目標達成の評価ができない。本人，保護者，担任等の教育的ニーズを把握し，「いつまでに，何を，どこまで，どのように」という過程をある程度明確にしておく。指導の評価は，児童生徒の学習状況の評価（目標の達成状況，取組状況など）と指導者の指導に関する評価（目標設定，内容・方法，手立てなど）の両面から行う。

　発達障害等のある児童生徒の場合は，コミュニケーションスキルやソーシャルスキルなどのスキルを習得することが目的ではなく，日常生活において習得したスキルを活用できるかが目的となる。通級指導教室だけで学びが向上しても，在籍学級での学びが高まらなければ指導の成果があったとはいえない。適応上の困難さの軽減，問題解決能力の向上，意欲や自己効力感の高まり，自己理解の促進，二次的な問題の改善，周囲の関係者のかかわり方の改善等も評価の指標となる。通常の学級における適応状態と連動した評価指標の検討が重要である（**図14-1**参照）。

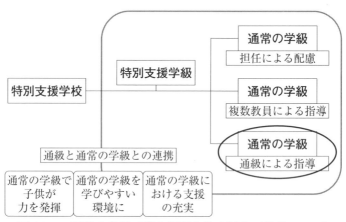

図14-1　通常の学級で学ぶ児童生徒の制度（笹森，2021）

3. 通級による指導を通常の学級に生かすために

　通級による指導を受けている児童生徒は，学校生活のほとんどを通常の学級で過ごしている。つまり，通級による指導は通常の学級で学ぶ児童生徒のための制度であり，通常の学級における指導や支援にも生かされることが重要である。

（1）子供の実態の共通理解

　児童生徒の実態についての共通理解をもとに，通級による指導の指導内容は，個々の障害特性に関する困難さへの対応だけでなく，通常の学級における学習面や生活面等の困難さも考慮して選定することも重要である。
○得意な教科や苦手な教科，学習への取組の様子など，児童生徒の気になるところを具体的に記録する。
○プリントや作文，作品，テストの答案用紙など児童生徒の学習上の特

徴が分かるものをファイルしておく。

○教師や児童生徒との日常的なかかわり，コミュニケーションの様子，気になる行動が起こりやすい場面や頻度なども記録しておく。

（2）教材教具，指導方法の工夫等を共有化

通級による指導において効果のあった学びやすい教材・教具や支援機器，プリント類の工夫，自信や意欲を高める言葉かけや評価の仕方など通常の学級でも活用できるものを共有化していくようにする。

○文房具なども扱いやすいものを工夫する。児童生徒に合うものを通級による指導で試してから扱いやすいものを通常の学級でも使うようにする。

○課題量の調整や取り組みやすさの工夫，努力すればできそうな設定などについて，通常の学級の他の児童生徒との関係も考えながら可能な範囲で実施してみる。

○指示や教示の仕方，ほめ方・叱り方，分かりやすい評価の仕方など，言葉かけのタイミングや個別的なかかわり方等について参考にする。

○友達とのトラブルなどは，そのときの状況を本人と通級でメモに起こしておくと事実関係が分かり，メモを通して担任等と一緒に考えることができる。

○がんばりの共有化。通常の学級でのがんばりを通級の担当者にほめてもらう，通級でのがんばりを学級担任に認めてもらうことが大きな励みにもなる。

（3）学級経営や分かる授業づくりを工夫

通級による指導の分かりやすい指導・支援は，通常の学級の他の子供たちにとっても分かりやすい指導・支援になる。また，困難さを抱える

児童生徒を大切に思う心を育てることが，互いを支え合い，学び合う学級づくりにもつながっていく。

4. 自校通級，他校通級，巡回指導

通級による指導には，在籍している学校において行う「自校通級」，在籍している学校以外の場で行う「他校通級」，教員が児童生徒の在籍校を訪問して行う「巡回指導」がある。

自校通級，他校通級，巡回指導には，それぞれ良い点と課題点がある。自校通級の場合は，校内で柔軟な対応が可能になる。時間割の一部を通級指導教室で指導を受け，また在籍学級に戻り学習することができる。通級の担当者と担任等が日常的に情報交換を行うことが可能である。課題としては，学級を抜けて自分だけ他の教室で指導を受けることに対する抵抗感を感じる児童生徒がいること，学級でのトラブルをそのまま持ち込み気持ちの切り替えがなかなかできない場合があること，小集団指導が計画しにくいことなどが挙げられる。他校通級の場合は，在籍校のトラブルを引きずらずに気持ちを切り替えて指導を受けることができること，他校にも友達ができることなどが良い点として挙げられる。課題としては，通級に要する時間や保護者の付き添いの負担，担任等との話し合いのための時間確保の難しさなどがある。巡回指導は，児童生徒が在籍校において指導を受けることができるが，自校通級と同様の課題もある。また，複数の学校を巡回する担当者の負担，教室環境や教材・教具等の整備などの課題がある。

5. 通級による指導の担当者の役割と専門性

通級による指導の担当者は，それぞれの校種に応じて，小学校教員免許状，中学校教員免許状，高等学校教員免許状を取得している必要があ

る。加えて，専門性の担保として特別支援教育に関する知識や経験を有することが望まれる。特別支援学校教諭免許状の取得は義務付けられていないが，文部科学省では取得していることが望ましいとしている。

通級による指導の担当者は，指導を受けている児童生徒のみならず，専門的な知識を有する立場から校内委員会に参加したり，通常の学級を巡回したりして，通級による指導を受ける必要性のある生徒に対して，早期からの支援につなげるなど校内の特別支援教育推進のキーパーソンとしての役割を担うことも期待される。児童生徒の指導を中核として，担任等へのコンサルテーション，保護者への支援と協働，関係機関との連携・協働など，以下のような役割とその専門性が望まれる。

（1）児童生徒の指導に関する役割と専門性

通級による指導を受ける児童生徒は，通常の学級における学習面や行動面，社会性に関する様々な課題を抱え，適応困難な状態にある。通級による指導の担当者は，小・中学校の学習指導要領を理解しておくとともに，特別支援学校学習指導要領の自立活動の目標・内容についても理解しておく必要がある。具体的な指導は，個別の指導計画をもとに，PDCAサイクルで進めていく。指導目標や指導内容の設定については，本人の願い，保護者の願い，担任等の願いをそれぞれ教育的ニーズとして把握することから始まる。特に保護者や担任等の願いを優先するのではなく，本人の願いに重点を置き，目標や内容を設定することが望まれる。指導の評価についてはできるだけ客観的な視点から評価する。評価の指標として，学習面や生活面の困難さの軽減，学習や課題に対する意欲，自己効力感の高まり，問題行動の軽減，担任等や保護者，周囲の児童生徒のかかわり方の改善等が考えられる。指導の成果が顕著にみられた場合は指導を終了するという視点も重要である。

（２）担任等の学校関係者に対するコンサルテーションの役割と専門性

　先に述べたように，通級による指導が通常の学級における指導に生かされるためには，指導者同士が児童生徒の実態を共有化し，指導目標や指導内容等の共通理解を図り，連続性のある指導が行えるように，連携を図ることが不可欠となる。通級による指導の担当者が，分かりやすく具体的に，児童生徒の実態に応じた適切な指導と必要な支援について担任等に伝えることができるかがポイントとなる。担任等が集団の中で特別支援教育の視点をもち指導・支援を行うことが重要であり，それは個別的な指導・支援という視点がもてるということでもある。通常の学級においても連続性のある指導となるよう，通級による指導で得られた知見を周囲で児童生徒にかかわる関係者に分かりやすく伝えることは，日常生活における児童生徒の支援者を増やしていくということにもつながる。

（３）保護者への支援や協働に関する役割と専門性

　保護者が家庭生活における子育てに悩んでいる場合には，保護者からの相談を受けることもある。特別支援教育コーディネーターや養護教諭，スクールカウンセラー等とも連携して対応することが望まれる。小学校に比べると中学校や高等学校では，保護者が生徒の学校での様子を知る機会が少なくなることから，家庭生活と学校生活がつながりにくいこともある。通級による指導の担当者が担任等と保護者との信頼関係を構築するための役割を担うことも重要である。例えば，周りからの孤立感への支援として問題を共有化し精神的な支えとなる，生徒の実態について情報提供を行い正しい理解についての支援を行う，学校関係者をつなぎ連携・協働関係を構築する，家庭や家族の抱えている課題等についていつでも相談できる体制を校内外に構築する等の視点が重要になる。

（4）関係機関との連携・協働に関する役割と専門性

　特に中学校，高等学校の段階では，生徒の状態像も多様化してくる。課題や困難さの背景や要因を見立てていく際，医療や福祉，心理等の専門家から指導・助言を受けることも必要になる。また，親子関係や家庭環境に支援が必要な場合には関係機関との連携が必須である。通級による指導の担当者は，特別支援教育コーディネーターや生徒指導主事，養護教諭，スクールカウンセラー等と連携し，関係機関との連携・協働を図るなど校内における特別支援教育の中心的な役割を果たすとともに，特別支援学校とも連携し，地域の学校における相談・支援機能を担う等，地域の教育資源としての役割を担うことも期待される。

6.　連続性のある多様な「学びの場」としての体制整備

　特別支援教育は，通常の学級においても特別な教育的ニーズのある児童生徒に対して適切な指導と必要な支援が行われることが基本である。通級による指導は多様な学びの場の一つであり，通常の学級における指導や支援だけでは十分でないと判断した場合に必要性が検討される。通級による指導が通常の学級における指導や支援に生かされることが望まれる。そのためには，担当教員が，特別支援教育コーディネーター等と連携し，学級担任や教科担当と定期的な情報交換を行う等，関係者の連携協力を十分に図る必要があることは既に述べた通りである。また，特定の児童生徒への指導・支援だけでなく，誰もが分かりやすい授業づくり，生徒の実態に応じた進路指導や生徒指導等，校内支援体制の充実につなげることが重要である。通級による指導を受ける児童生徒が，抵抗感をもたず安心して指導が受けられるよう，児童生徒一人一人が多様な教育的ニーズをお互いに理解し，認め合えるような集団づくりも重要になる。これらのことは，第11章，第12章にも述べられている通りであ

る。通級による指導は，特別な教育的ニーズのある児童生徒に対する指導・支援をどう充実させるか，校内支援体制の整備とともに考えていく必要があるということである。

学習課題

1. 連続性のある多様な学びの場の一つとして，通級による指導にはどのような機能や役割が求められているのか考えてみよう。
2. 通級による指導が通常の学級における指導に生かされるためには，どのような連携を図ることが重要になるか考えてみよう。

引用・参考文献

文部科学省編著「改訂第3版　障害に応じた通級による指導の手引　解説とQ&A」海文堂，2018年

高等学校における特別支援教育の推進に関する調査研究協力者会議「高等学校における通級による指導の制度化及び充実方策について（報告）」2016年

文部科学省『小学校学習指導要領（平成29年告示）解説 総則編』東洋館出版社，2018年

国立特別支援教育総合研究所「発達障害等のある生徒の実態に応じた高等学校における通級による指導の在り方に関する研究－導入段階における課題の検討－」研究成果報告書，2018年

国立特別支援教育総合研究所「特別支援教育における教育課程に関する総合的研究－通常の学級と通級による指導の学びの連続性に焦点を当てて－」研究成果報告書，2018年

笹森洋樹『通級における指導・支援の最前線』金子書房，2021年

15 | 特別支援学校のセンター的機能

滝川国芳

《**目標＆ポイント**》 特別支援学校のセンター的機能の法的位置付け，歴史的背景と経緯を踏まえ，小・中学校等からの要請に応じるための助言や援助の役割の実際と重要性を概説する。さらに，センター的機能の現状を踏まえて，今後の課題について考える。

《**キーワード**》 特別支援学校，センター的機能，教育相談，域内の教育支援の組合せ（スクールクラスター），地域支援

1. 「特別支援学校のセンター的機能」に関する 法的位置付け

　平成18年6月に，学校教育法等の一部を改正する法律（平成18年法律第80号）が公布，平成19年4月から施行され，「特別支援学校のセンター的機能を通じ，小・中学校等に在籍するLD，ADHD等を含む障害のある児童生徒等への支援の充実が図られる」こととなった。この法律案に対する附帯決議として，参議院において「特別支援学校のセンター的機能が十全に発揮されるよう努めること。特に，幼稚園とともに保育所などの児童福祉施設，保護者等に対する支援にも万全を期するとともに，医療・福祉・労働等関係諸機関との連携にも努めること」が決議された。また，衆議院では「特別支援学校のセンター的機能が，地域にある諸学校並びに子どもが利用する施設等のみならず，医療・福祉・労働関係の諸機関及び保護者のネットワーク構築と連携に役立つものと

なるよう努めること」が決議された。

　この法改正によって，学校教育法第 81 条第 1 項「幼稚園，小学校，中学校，義務教育学校，高等学校及び中等教育学校においては，次項各号のいずれかに該当する幼児，児童及び生徒その他教育上特別の支援を必要とする幼児，児童及び生徒に対し，文部科学大臣の定めるところにより，障害による学習上又は生活上の困難を克服するための教育を行うものとする」という条文が新設された（次項各号のいずれかに該当する幼児，児童及び生徒とは，特別支援学級に在籍する幼児，児童及び生徒を指す）。そして，小・中学校等の特別支援教育を支える機能として，学校教育法第 74 条「特別支援学校においては，第 72 条に規定する目的を実現するための教育を行うほか，幼稚園，小学校，中学校，義務教育学校，高等学校又は中等教育学校の要請に応じて，第 81 条第 1 項に規定する幼児，児童又は生徒の教育に関し必要な助言又は援助を行うよう努めるものとする」という条文が新設され，特別支援学校のセンター的機能が法的に位置付けられた。

2. 「特別支援学校のセンター的機能」の位置付けまでの背景と経緯

　これらの法改正によって，「特別支援学校のセンター的機能」が位置付けられることとなった背景と経緯について述べる。

　小学校，中学校等の通常の学級に在籍する児童生徒のうち，障害に応じた特別の指導を行う必要があるものを教育する場合には，小学校，中学校の教育課程にかかわらず，特別の教育課程によることができる規定が，戦後まもなく制定された学校教育法施行規則第 140 条にある。その後，昭和 30 年代から 40 年代に「特殊教育」が急速に整備され，それに伴い，通常の学級で授業を受けつつ，加えて障害の状態等に応じた特別

の指導を個別的な対応により，あるいは当時の特殊学級等で受けるという形態の教育が一般的に行われるようになった。現在の「通級による指導」につながる教育形態であるが，教育課程上の位置付けや対象となる障害の種類や程度，指導内容・方法は明確ではなかった。

平成5年1月28日付け「学校教育法施行規則の一部を改正する省令」に基づき，同年4月から小・中学校等の「通級による指導」が制度化された。しかしながら，制度開始当時の通級指導教室の設置数は少なく，通常の学級や通級指導教室を担当する教師の専門性もより一層高める必要があった。

平成元年告示の盲・聾・養護学校学習指導要領には，盲・聾・養護学校以外の小・中学校等の地域の学校における教育支援に関する記述は全くなされていないが，上述したような状況から，特殊教育の専門性のある学校機能の地域への貢献が求められるようになってきた。平成11年に告示された盲・聾・養護学校学習指導要領には，「地域の実態や家庭の要請等により，障害のある児童生徒又はその保護者に対して教育相談を行うなど，各学校の教師の専門性や施設・設備を生かした地域における特殊教育のセンターとしての役割を果たすよう努めること」が記されている。

これに先立ち文部省（当時）は，平成8年9月に「特殊教育の改善・充実に関する調査研究協力者会議」を発足させ，特殊教育の諸課題について調査研究を行い，「特殊教育の改善・充実について（第一次報告）」が取りまとめられた。この報告において，早期からの教育相談の充実について幅広い観点から次の提言がなされた。

○盲・聾・養護学校は，その専門性を生かし，教育相談を保護者に対する新たな教育サービス機能として位置づけ，地域での教育相談センター的な役割を果たす必要があること。

○特殊教育センターや盲・聾・養護学校等においては，障害の種類・程度に応じた早期からの教育相談についての研究や実践を深めるとともに，保護者の理解・啓発の推進に努めること。

○教育相談については，保護者等が利用しやすいよう，例えば巡回による教育相談や通信手段の活用を図るなど，多様な形態・方法の工夫に努めること。

これらの提言が，先に述べた学習指導要領の規定につながった。

その後，平成15年3月の「今後の特別支援教育の在り方について（最終報告）」では，盲・聾・養護学校の役割として，地域の特別支援教育のセンター的機能を有する学校となることを，次のように提言している。

○盲・聾・養護学校は，従来特定の児童生徒に対してのみ教育や指導を行う特別の機関として制度上位置付けられているが，今後，小・中学校等において専門性に根ざしたより質の高い教育が行われるようにするためには，盲・聾・養護学校は，これまで蓄積した教育上の経験やノウハウを活かして地域の小・中学校等における教育について支援を行うなどにより，地域における障害のある子どもの教育の中核的機関として機能することが必要である。

○今後は，特別支援教育における地域のセンター的機能を有する学校としての役割を踏まえ，この相談等の業務をこれまで以上に重要なものと考えていくことが必要であり，例えば専門の部署の設置等による相談支援体制の充実，地域の研修会等の企画や支援を通じた指導上の知識や技能の小・中学校への普及等の取組を積極的に行うことについて具体的な検討を行うことが必要である。

さらに，平成17年12月，中央教育審議会からの「特別支援教育を推進するための制度の在り方について（答申）」では，盲・聾・養護学校

制度の見直しとして，特別支援学校のセンター的機能について，より明確に次のような提言が打ち出され，関係法令等において位置付けることの検討を求めた。

○今後，地域において特別支援教育を推進する体制を整備していく上で，特別支援学校（仮称）は中核的な役割を担うことが期待される。特に，小・中学校に在籍する障害のある児童生徒について，通常の学級に在籍するLD・ADHD・高機能自閉症等の児童生徒を含め，その教育的ニーズに応じた適切な教育を提供していくためには，特別支援学校（仮称）が，教育上の高い専門性を生かしながら地域の小・中学校を積極的に支援していくことが求められる。

○盲・聾・養護学校における先進的な事例を踏まえ，特別支援学校（仮称）に期待されるセンター的機能を例示すれば，以下のとおりである。

---

1. 小・中学校等の教員への支援機能
2. 特別支援教育等に関する相談・情報提供機能
3. 障害のある幼児児童生徒への指導・支援機能
4. 福祉，医療，労働などの関係機関等との連絡・調整機能
5. 小・中学校等の教員に対する研修協力機能
6. 障害のある幼児児童生徒への施設設備等の提供機能

○特別支援学校（仮称）がセンター的機能を有効に発揮するためには，高い専門性を有する教員が適切に養成・配置されることが必要であり，任命権者である各都道府県教育委員会等においては，人事上の配慮が望まれる。また，各学校においては，校長のリーダーシップの下に，それぞれに求められる役割に応じて目的・目標を明確にして，組

織や運営の在り方を再構築し，その成果を定期的に評価するなど一層
効果的な学校経営が求められる。さらに，センター的機能のための分
掌や組織（例えば「地域支援部」など）を設けて校内の組織体制を明
確にすることが望ましい。

3.「特別支援学校のセンター的機能」について

平成29年4月告示の「特別支援学校幼稚部教育要領・特別支援学校
小学部・中学部学習指導要領」には，特別支援学校のセンター的機能に
ついて，次のように記されている。

○幼稚園等，小学校又は中学校等の要請により，障害のある幼児，児童
若しくは生徒又は当該幼児，児童若しくは生徒の教育を担当する教師
等に対して必要な助言又は援助を行ったり，地域の実態や家庭の要請
等により保護者等に対して教育相談を行ったりするなど，各学校の教
師の専門性や施設・設備を生かした地域における特別支援教育のセン
ターとしての役割を果たすよう努めること。その際，学校として組織
的に取り組むことができるよう校内体制を整備するとともに，他の特
別支援学校や地域の小学校又は中学校等との連携を図ること。

このことについて「特別支援学校教育要領・学習指導要領解説　総則
編」では，次のように詳細に記されている。

○特別支援学校における特別支援教育コーディネーターは，校内におけ
る取組だけでなく，例えば，幼稚園等，小学校や中学校等に在籍する
幼児児童生徒に対する巡回による指導を行ったり，特別支援学校の教
師の専門性を活用しながら教育相談を行ったりするなど，域内の教育
資源の組合わせ（スクールクラスター）の中で，コーディネーターと
しての機能を発揮していくことが求められる。

○保護者等に対して，障害のある幼児児童生徒にとって必要な教育の在

り方や見通しについての情報を提供するなどして，特別支援教育の実際についての理解を促す活動もある。

○特別支援学校が，地域における特別支援教育のセンターとしての役割を果たしていくためには，各学校において，教師同士の連携協力はもとより，校務分掌や校内組織を工夫するなどして，校内体制を整備し，学校として組織的に取り組むことが必要である。

○地域の幼稚園等，小・中学校等に在籍する障害のある幼児児童生徒の実態は多様であることから，他の特別支援学校や幼稚園等，小・中学校等との連携の下，それぞれの学校の有する専門性を生かした指導や支援を進めていくことが重要である。

○特別支援教育センター等の教育機関，児童相談所等の福祉機関，病院等の医療機関などとの連携協力を図り，ネットワークを形成する中で特別支援学校が適切な役割を果たすことも考えられる。

　また，文部科学省は令和5年3月に，「通常の学級に在籍する障害のある児童生徒への支援に係る方策について（通知）」を発出し，「通常の学級に在籍する障害のある児童生徒への支援の在り方に関する検討会議報告」での提言を踏まえた上で，障害のある児童生徒一人一人の教育的ニーズに応じた適切な指導や必要な支援を行うための格段の取組を求めた。その提言の一つとして，「特別支援教育に関する専門的な知見や経験等を有する特別支援学校における小中高等学校等への指導助言等のセンター的機能を充実させること」が記されている。

　加えて，上記では次のように報告がなされている。

○特別支援学校の特別支援教育コーディネーターは，特別支援学校がセンター的機能を効果的に発揮するための重要な役割を担っている。地域によっては，域内の教育資源の組合せの中でコーディネーター機能を発揮し，指導・支援機能を拡充する取組も推進されるなど，その運

用や役割等について様々な特色が見られる。就学相談や就学支援のみならず，市町村教育委員会への支援，交流及び共同学習の更なる充実に向けた活用も期待される。これらの広範かつ重要な役割を果たすためにも，校長は，教育委員会とも連携しつつ，特別支援教育コーディネーターにふさわしい教師を指名するとともに，研修等を通じた専門性の確保を図ることが求められる。

○弱視，難聴，肢体不自由，病弱・身体虚弱については，通級による指導の対象である障害種となっているものの，その指導を受けている児童生徒数が少なく，これらを対象障害種とする通級による指導を実施していない自治体があることや，障害種について専門性のある指導主事や，その障害の状態等に応じた自立活動の指導ができる教師が不足していることなど，当該障害のある児童生徒が十分な支援を受けられずに取り残されてしまっている現状がある。障害の種類によって対応に差異が生じることのないよう，特別支援学校のセンター的機能の発揮により，小中学校の教師・保護者・児童生徒への支援等に係る機能の一層の充実を図ることが強く求められる。

さらに，報告では，通常の学級に在籍する学校教育法施行令第22条の3の規定に該当する障害の程度の児童生徒への支援においても，特別支援学校のセンター的機能の充実について次のように求めている。

○これらの児童生徒に対しては，特別支援学校のセンター的機能としての特別支援教育の専門性を有する教師による指導や支援，通級による指導，特別支援教育支援員の配置，教室内における障害の程度等に応じた合理的配慮などの支援が行われているが，更なる充実を図ることが求められる。

○障害のある児童生徒一人一人の教育的ニーズを把握し，障害の状態等の変化に応じて適切な教育を行うためには，就学前，就学時，そして

就学後も継続して教育相談を行うことが重要である。そのためには，学校内の特別支援教育に関する体制を整備しながら，教育相談や個別の教育支援計画に基づく関係者による会議などを定期的に行い，支援の目標や教育上の合理的配慮を含む必要な支援の内容についての評価に基づき，必要に応じて個別の教育支援計画や個別の指導計画の見直しを行うとともに，学びの場を柔軟に変更できるようにしていくことが重要である。

図 15-1 は，小・中学校等に在籍する児童生徒の特別な支援への相談での特別支援学校のセンター的機能の活用例を示している。

・見えにくさのある子供の相談	特別支援学校（視覚障害）のセンター的機能を活用して
見えにくさのある子供にどのように支援をすれば良いか分からない。	子供の視力の実態を把握し，マルチメディア教科等の学用品，ルーペ，拡大読書器等の視覚補助具の活用，座席の位置等の助言を受けました。
・集中力が続かない子供の相談	特別支援学校（知的障害）のセンター的機能を活用して
知的障害のある子供が，特別支援学級の授業で集中するための工夫を相談したい。	つまずきの要因を把握した上で，カード等の視覚情報を活用し，活動の流れを提示することや言葉掛けを具体的に短く伝える等の助言を受けました。
・書字に課題のある子供の相談	特別支援学校（肢体不自由）のセンター的機能を活用して
肢体不自由のある子供の書字の困難さに対応する支援について相談したい。	子供の実態に応じた補助具の貸し出しや，パソコンやタブレット型情報端末，音声入力アプリ等について紹介してもらいました。

図 15-1　小・中学校等の特別な支援を必要とする児童生徒の相談での特別支援学校のセンター的機能の活用例（国立特別支援教育総合研究所　特別支援教育リーフ Vol.6 より）

4. 特別支援学校間の連携と域内の教育資源の組合せ（スクールクラスター）による「特別支援学校のセンター的機能」の一層の強化

　特別支援学校は，小・中学校等の教員への支援機能，特別支援教育に関する相談・情報提供機能，障害のある児童生徒等への指導・支援機能，関係機関等との連携・調整機能，小・中学校等の教員に対する研修協力機能，障害のある児童生徒等への施設設備等の提供機能などのセンター的機能を有している。特別支援学校のセンター的機能が，より有効に機能するためには，一校の特別支援学校だけでなく，複数の特別支援学校が連携するとともに，地域の特別支援教育に関するリソースをつなぎ合わせることが重要となる。そのためには，各校の特別支援教育コーディネーター同士がつながり連携することで，一層の情報共有を行うシステムの構築が望まれる。

　地域内の教育資源（幼稚園等，小学校，中学校，高等学校及び特別支援学校等，特別支援学級，通級指導教室）それぞれの単体だけでは，そこに住んでいる子供一人一人の教育的ニーズに応えることは難しい。こうした域内の教育資源の組合せ（スクールクラスター）により，域内の全ての子供一人一人の教育的ニーズに応え，各地域におけるインクルーシブ教育システムを構築することが必要となる（図 15-2 参照）。

　そして，特別支援学校においては，地域の小・中学校等の特別支援教育コーディネーターを連携調整役としながら，必要な役割を担うことによって，地域における特別支援教育のセンター的機能を発揮することが期待できる。今後新たに特別支援学校を設置する場合は，特別支援学校がセンター的機能を効果的に果たすために，その学校の域内全ての小・中学校等にアクセスしやすい場所に設置されることが望まれる。また，

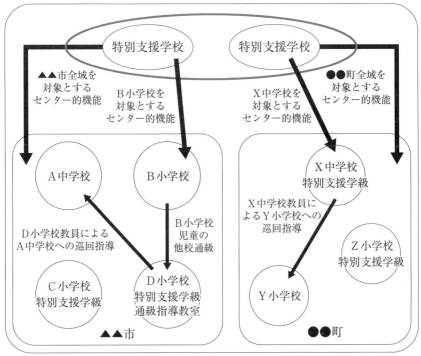

図 15-2　域内教育資源の組合せ（スクールクラスター）のイメージ
（筆者作成）

　現存の特別支援学校についても，ICT の活用等により，センター的機能を一層発揮するための環境整備を実施していく必要がある。

　文部科学省が平成 29 年に示した「発達障害を含む障害のある幼児児童生徒に対する教育支援体制整備ガイドライン〜発達障害等の可能性の段階から，教育的ニーズに気付き，支え，つなぐために〜」では，センター的機能を有効に発揮するための特別支援学校の体制整備として，次の 4 点を挙げている。

① 校内体制の整備

　特別支援学校においては，特別支援教育コーディネーターだけに任せきりにするのではなく，学校組織として対応していくことが重要である。そのため，センター的機能のための組織（例えば「地域支援部」等）を設け，校内の校務分掌への位置付けを明確にすることが大切である。

② 関係機関等との連携

　児童等への教育的支援について重要な役割を果たす機関として，特別支援学校が支援地域の中核となって，周囲の特別支援学校との互いの強みを生かした連携を行うとともに，各学校，医療機関，保健所，福祉機関，就労支援機関，発達障害者支援センター等のネットワークを構築することが大切である。

③ 地域のニーズの把握

　各学校等で，どのようなニーズと活用可能な人材や組織があるのかを明確に把握し，特別支援学校の人材や組織，実践事例等を活用して，どのような支援を行えばニーズに対応できるかを検討し，実施することが重要である。

④ 専門性の充実

　特別支援学校の教職員は，地域の小学校等に対して適切な支援を行うことができるよう，障害等による困難に関する理解，実態把握の進め方，集団指導の中で行える支援内容及び個別の教育支援計画等の作成に係る助言等を行うための専門性が必要になる。さらに，早期からの教育相談を含めて多様な相談に対応できる知識や能力，様々な障害による困難への理解と指導技術，障害者福祉・雇用の制度の理解及び就労・移行支援に関する考え方等も身に付ける必要がある。

5. 「特別支援学校のセンター的機能」の取組の実際と課題

文部科学省「平成27年度特別支援学校のセンター的機能の取組に関する状況調査について」（平成29年3月）から，小・中学校等の教員への支援の実際と課題について紹介する。この調査は，学校教育法第74条に規定されている「特別支援学校のセンター的機能」の取組に関する状況を把握し，今後の特別支援教育の推進に必要な基礎資料を得ることを目的とするために実施したものである。調査対象は，特別支援学校（国立45校，公立947校，私立13校）である。

【取組の実際】

① 小・中学校等の教員への支援機能について

・学校種別の相談件数をみると，公立では小学校からの相談件数が最も多く，全体の約5割を占めている。一方，国立では幼稚園（保育所，幼保連携型認定こども園を含む）が最も多く，私立については中学校（中等教育学校の前期課程を含む）からの相談件数が最も多くなっている。

・相談者別にみると，公立では特別支援学級担任から，国立については通常の学級の担任から，私立については管理職からの相談がそれぞれ最も多くなっている。

・相談内容別にみると，国公私立全体では「指導・支援に係る相談・助言」が最も多く，次いで「障害の状況等に係る実態把握・評価等」，「就学や転学等に係る相談・助言」となっている。

② 特別支援教育等に関する相談・情報提供機能

・「小・中学校等の教員を対象に特別支援教育に関する内容の通信や印刷物等を配布している」学校は，国立及び公立で6割を超え，また

「センター的機能のPRや特別支援教育に関する内容をWebページで公開している」学校は国立及び公立で8割を超えている。

③　小・中学校等の教員に対する研修協力機能

・特別支援学校が協力した研修の件数については，国公私立全体では，約1万1千件となっており，前回調査（平成25年度）から国立及び私立での件数が増加している。

・研修協力の内容は，国立及び公立において「学校や地域で，特別支援教育に関する研修会・講演会を実施」が最も多く8割を超えているが，「学校の校内研修会を地域の小・中学校等の教員に公開して実施」及び「地域の小・中学校等の校内研修会に講師として参画」についても，6割以上の実施率となっている。

【取組の課題】

①　特別支援学校における課題

　国公私立全体において，「地域の相談ニーズへ応えるための人材を校内で確保すること」及び「多様な障害に対応する教員の専門性を確保すること」が特に課題と考えられる事項の上位二つであり，いずれもセンター的機能を推進する人材に関するものである。

②　小・中学校等における課題

　国立及び公立において，「全教員が特別支援教育の重要性について理解していること」「特別支援教育実施のための校内体制を構築すること」及び「特別支援教育コーディネーターの専門性の向上を図ること」等が挙げられている。

　本調査の結果からも，平成19年4月に「特別支援学校のセンター的機能」が法律に位置付けられてから，全国の特別支援学校において着実に，小・中学校の特別支援教育に寄与するためのセンター的機能が充実していることが分かる。今後とも，地域の実情を踏まえ柔軟に対応する

特別支援学校のセンター的機能の在り方を追求し，特別な教育支援を必要とする子供の教育支援が発展することを期待する。

学習課題

1. 地域における特別支援教育推進に資する特別支援学校のセンター的機能の役割について，まとめておこう。
2. 特別支援学校間の連携と域内の教育資源の組合せによる特別支援学校のセンター的機能の一層の強化について考えてみよう。

引用・参考文献

通級学級に関する調査研究協力者会議「通級による指導に関する充実方策について（審議のまとめ）」1992年

文部省「通級による指導の対象とすることが適当な児童生徒について（通達）」1993年

特殊教育の改善・充実に関する調査研究協力者会議「特殊教育の改善・充実について（第一次報告）」1997年

特別支援教育の推進に関する調査研究協力者会議「今後の特別支援教育の在り方について（最終報告）」2003年

中央教育審議会「特別支援教育を推進するための制度の在り方について（答申）」2005年

文部科学省「平成27年度特別支援学校のセンター的機能の取組に関する状況調査について」2017年

文部科学省「発達障害を含む障害のある幼児児童生徒に対する教育支援体制整備ガイドライン～発達障害等の可能性の段階から，教育的ニーズに気付き，支え，つなぐために～」2017年

国立特別支援教育総合研究所『特別支援教育の基礎・基本2020』ジアース教育新社，2020年

文部科学省『障害のある子供の教育支援の手引～子供たち一人一人の教育的ニーズを踏まえた学びの充実に向けて～』ジアース教育新社，2022 年

文部科学省「通常の学級に在籍する障害のある児童生徒への支援に係る方策について（通知）」2023 年

索引

●配列は五十音順。

●欧文略語

AAC　50
ADHD　146
CLS　51
PDCA サイクル　21
TEACCH プログラム　120
VOCA　136

●あ　行

アシスティブ・テクノロジー　130
アセスメント　82
遊びの指導　46
アメリカ精神医学会が作成した精神疾患の
　診断・統計マニュアル（DSM-5-TR）
　72
医学モデル　13
生きる力　157
意思の相互伝達　38
いじめ　142
一時一作業　174
一文一動詞　174
イヤーマフ　118
医療的ケア　17, 49, 57
インクルーシブ教育システム　11, 25
エコラリア　115
遠隔感覚　26
音声教材　29, 131

●か　行

海外から帰国した子供　142
外国人の子供　142
外在化障害　81
概念形成　32
学習空白　52

学習言語　35
学習指導　153
学習障害　73
拡大教材　29
拡大読書器　29
学年会　148
学校教育法第 81 条　139, 180
カリキュラム・マネジメント　22
感音難聴　33
感覚の過敏性や鈍感性　73
環境の把握　186
関係機関　139
教育相談　212
教育の情報化に関する手引　128
教室正面　171
教師の指示・説明　173
共生社会　12, 157
協働的な学び　177
京都盲唖院　24
筋ジストロフィー　47
グループワーク　176
限局性学習症　86
健康の保持　186
言語概念　34
言語聴覚士　147
交換授業　155
構造化　120, 171
行動観察　82, 146
合同授業　155
校内委員会　20, 140
校内外支援体制　139
校内支援体制　207
合理的配慮　141, 217
交流及び共同学習　180

個人情報の取扱い　82
個に応じた指導　178
個別最適な学び　177
個別の教育支援計画　20, 31, 66, 141, 217
個別の指導計画　20, 31, 66, 141, 180
コミュニケーション　186
混合性難聴　33
コンサルテーション　206

● さ　行

作業学習　46
作業療法士　146
視覚化　170
視覚器　26
視覚支援　170
視覚障害　27
視覚情報　170
視覚的焦点化　170
視覚的な情報処理　91
視覚伝導路　26
視覚補助具　28
視機能　26
自校通級　204
自己決定　159, 187
自己肯定感　157
自己効力感　157
自己刺激行動　116
自己選択　187
自己存在感　159
支持的な風土　153
自傷行動　116
事前支援型　155
自尊感情　157
肢体不自由者　180
視知覚　31
実態把握　82

児童虐待　142
自閉症　72
自閉症・情緒障害特別支援学級　121, 180
自閉スペクトラム症　111
社会的障壁　13
社会モデル　13
弱視　27
弱視学級　25
弱視者　180
弱視特別支援学級　30
弱視レンズ　29
就学時健康診断　149
授業改善　166
授業づくり　165
手話　35
巡回指導　204
巡回相談員　141
障害者の権利に関する条約　155
障害者理解教育　157
情緒障害　181
常同的で反復的な行動　116
情報機器　32
職業学科　30
触覚教材　29
自立活動　18, 29, 180
自立と社会参加　68
進学　162
進級　162
シングルフォーカス　73
神経発達症群　14
人工内耳　36
新生児聴覚スクリーニング　34
身体虚弱　50
身体虚弱者　180
身体の動き　186
心理的な安定　186

スクールカウンセラー　141
スクールクラスター　214
スクールソーシャルワーカー　141
墨字　28
生活言語　35
生活単元学習　46
精神年齢　42
生徒指導　78, 143
生徒指導提要　143
世界保健機関（WHO）が作成した分類
　（ICD-11）　72
接触感覚　26
選択性かん黙　181
専門家　139
専門職との連携　70
ソーシャルスキル　96

●た　行
多感覚器官の同時活用　176
他校通級　198, 204
多動性-衝動性　104
タブレット　172
多様性　162
多様な学びの場　181
誰もが分かる授業づくり　79
短期目標　190
チーム学校　143
知的機能　41
知的障害者　180
知能指数　42
注意欠陥多動性障害　74
中枢性統合　73
聴覚器官　33
聴覚障害　33
聴覚的焦点化　175
聴覚的な情報処理　91

聴覚伝導路　33
長期目標　190
重複障害学級　58
重複障害者　16
通級指導教室　83, 141, 211
通級による指導　154, 194, 211
通級による指導（弱視）　30
通級による指導（難聴）　35
通常の学級　30
通常の学校　139
ティーム・ティーチング　155
適応能力　41
デジタル教科書　133
テレビ会議システム　136
伝音難聴　33
点字　32
電子黒板　172
特殊教育　25
特別支援学級　180
特別支援学校　139
特別支援学校（視覚障害）　29
特別支援学校（聴覚障害）　35
特別支援学校のセンター的機能　83, 209
特別支援教育　25
特別支援教育コーディネーター　20, 139,
　215
特別の教育課程　18, 180

●な　行
内在化障害　81
難聴学級　25
難聴者　180
難聴特別支援学級　35
二次的な障害　14
日常生活の指導　46
日本授業 UD 学会　156

乳幼児健康診査　149
人間関係の形成　186
認知特性　91
ノイズキャンセリングヘッドホン　118
脳性まひ　46

●は　行

発達指数　42
発達障害　13
発達障害者支援法　13
引継ぎ　149
病弱　50
不注意　104
不登校　142
フラッシュバック　78
ペア活動　176
暴力　142
保護者　162
保護者との連携　70
補装具　48
補聴器　36

●ま　行

前置きの指示　174
見える化　170
盲　27
問題行動　159

●や　行

薬物治療　146
ユニバーサルデザイン　92, 152
指文字　38
養護学校教育の義務制　57
幼保小連携協議会　154

●ら　行

ライフスキル　96
楽善会訓盲院　24
理学療法士　147
倫理面の配慮　82
連携的支援　139
連続性のある「多様な学びの場」　196
ロールプレイ　106

●わ　行

分かりやすい授業　156

分担執筆者紹介

(執筆の章順)

澤田　真弓 (さわだ・まゆみ)

・執筆章 → 2

1982 年	横浜国立大学特殊教育特別専攻科修了
2003 年	筑波大学大学院教育研究科修了
1982 年～	奈良県立ろう学校，奈良県立奈良養護学校整肢園分校，奈良県立盲学校教諭，国立特別支援教育総合研究所上席総括研究員を経て現職
現在	星槎大学大学院教育実践研究科教授，星槎大学共生科学部教授
専攻	特別支援教育，視覚障害教育
主な著書	『中途視覚障害者への点字触読指導マニュアル』(編著者　読書工房) 『我が国における弱視教育の展開』(編著者　あずさ書店) 『小・中学校における視力の弱い子どもの学習支援：通常の学級を担当される先生方のために』(分担執筆　教育出版) 『小学校・中学校通常の学級の先生のための手引き書：通級による指導を通常の学級での指導に生かす』(編著者　ジアース教育新社) 『アクティベート教育学　特別支援教育』(分担執筆　ミネルヴァ書房) 『特別支援教育の基礎・基本 2020』(分担執筆　ジアース教育新社) 『特別支援教育のエッセンス　視覚障害教育の基本と実践』(編著者　慶應義塾大学出版会)

滝川　国芳（たきがわ・くによし）　　・執筆章→ 3・15

1962 年	福井県に生まれる
1985 年	福井大学教育学部養護学校教員養成課程卒業
1987 年	上越教育大学大学院学校教育研究科障害児教育専攻修士課程修了
	福井大学教育学部附属養護学校文部教官教諭，福井県特殊教育センター特殊教育主事，福井県立福井東養護学校教諭，福井県教育庁高校教育課主任，独立行政法人国立特別支援教育総合研究所総括研究員，東洋大学文学部教育学科教授を経て 2019 年より現職（2019 年度，2020 年度は，京都教育大学大学院連合教職実践研究科教授を専任教員として京都女子大学教授と併任）
	（2012 年　川崎医療福祉大学（博士（医療福祉学））
現在	京都女子大学発達教育学部教育学科・京都女子大学大学院発達教育学研究科教授
専攻	特別支援教育，病弱・身体虚弱教育
主な著書	『病弱・虚弱児の医療・療育・教育　改訂 3 版』（分担執筆　金芳堂）
	『共生社会の時代の特別支援教育　第 3 巻　連携とコンサルテーション』（共編著者　ぎょうせい）
	『高等学校教員のための特別支援教育入門』（分担執筆　萌文書林）
	『特別支援教育免許シリーズ　病弱教育領域　健康面の困難への対応』（共編著者　建帛社）
	『標準「病弱児の教育」テキスト　改訂版』（共編著者　ジアース教育新社）

金森　克浩（かなもり・かつひろ）　・執筆章→3・9

1961 年　東京都に生まれる
1986 年　東京都立大学理学部数学科卒業
　　　　東京都立養護学校（現在の特別支援学校）教諭，国立特別支援教育総合研究所　総括研究員，日本福祉大学スポーツ科学部教授を経て 2021 年より現職
現在　　帝京大学教育学部教授
専攻　　特別支援教育・肢体不自由教育・アシスティブテクノロジー
主な著書　『新しい時代の特別支援教育における支援技術活用と ICT の利用』（分担執筆　ジアース教育新社）
　　　　『特別支援教育免許シリーズ　合理的配慮　支援機器を用いた合理的配慮概論』（分担執筆　建帛社）
　　　　『肢体不自由児の心理』（分担執筆　ミネルヴァ書房）
　　　　『発達障害のある子の学びを深める教材・教具・ICT の教室活用アイデア』（分担執筆　明治図書）

齊藤　由美子（さいとう・ゆみこ）　・執筆章→ 4

1965 年	宮崎県に生まれる
1988 年	お茶の水女子大学文教育学部教育学科卒業
1990 年	横浜国立大学教育学研究科障害児教育専攻修士課程修了
1992 年	米国 Peabody College of Vanderbilt University Special Education 学部修士課程修了
2012 年	米国 University of Kansas Special Education 学部博士課程修了 Ph.D.
	神奈川県立養護学校教諭，国立特別支援教育総合研究所研究員，帝京平成大学教授を経て 2024 年より現職
現在	関東学院大学教育学部こども発達学科教授
専攻	特別支援教育
主な著書	『手厚い支援を必要としている子どものための情報パッケージ　ぱれっと（PALLETE）〜子どもが主体となる教育計画と実践をめざして』（編著　ジアース教育新社） 『共生社会の時代の特別支援教育　第 2 巻　学びを保障する指導と支援：すべての子供に配慮した学習指導』（分担執筆　ぎょうせい） 『共に学び合うインクルーシブ教育システム構築に向けた児童生徒への配慮・指導事例』（分担執筆　ジアース教育新社）など

編著者紹介

笹森　洋樹（ささもり・ひろき）

・執筆章→1・5〜8・14

1958年	横浜市に生まれる
1983年	横浜国立大学教育学部卒業
1991年	横浜国立大学大学院教育学研究科修了
職歴	横浜市小学校教員，横浜市教育委員会指導主事，独立行政法人国立特別支援教育総合研究所上席総括研究員を経て現職
現在	放送大学客員教授，常葉大学教育学部教授
専門分野	発達障害教育，通級による指導，教育相談，学校コンサルテーション
主な著書	『発達障害支援者のための標準テキスト：幼児期から成人のアセスメントと支援のポイント』（金剛出版）
	『通級における指導・支援の最前線』（金子書房）
	『平成29年版　学習指導要領改訂のポイント　通常の学級の特別支援教育』（明治図書）
	『イラストでわかる　特別支援教育サポート事典』（合同出版）
	『写真でわかるはじめての小学校生活』（合同出版）
	『Q&Aと先読みカレンダーで早わかり！　通級指導教室運営ガイド』（明治図書）
	『もっと知ろう　発達障害の友だち1　ADHDの友だち』（合同出版）

佐藤　愼二（さとう・しんじ）・執筆章→ 10～13

1959年	東京都に生まれる
1982年	明治学院大学社会学部社会福祉学科卒業
2003年	千葉大学大学院教育学研究科修了
職歴	千葉県内の知的障害養護学校（現在の特別支援学校），小学校に23年間勤務
現在	植草学園短期大学　特別教授
専門分野	通常の学級における特別支援教育，知的障害教育・指導法
主な著書	『通常学級の「特別」ではない支援教育－校内外支援体制・ユニバーサルデザイン・合理的配慮』（単著　東洋館出版社）
	『実践　通常学級ユニバーサルデザインⅠ・Ⅱ』（単著　同上）
	『逆転の発想で魔法のほめ方・叱り方』（単著　同上）
	『入門　自閉症・情緒障害特別支援学級　小学校－今日からできる！自立活動の授業づくり』（単著　同上）
	『「気になる」子ども　保護者にどう伝える？』（単著　ジアース教育新社）ほか

放送大学教材　1529781-1-2511（ラジオ）

新訂　特別支援教育総論

発　行　　2025 年 3 月 20 日　第 1 刷
編著者　　笹森洋樹・佐藤愼二
発行所　　一般財団法人　放送大学教育振興会
　　　　　〒105-0001　東京都港区虎ノ門 1-14-1　郵政福祉琴平ビル
　　　　　電話　03（3502）2750

市販用は放送大学教材と同じ内容です。定価はカバーに表示してあります。
落丁本・乱丁本はお取り替えいたします。

Printed in Japan　ISBN978-4-595-32502-1　C1337